Jenny Kaminer

·

Haunted Dreams

Fantasies of Adolescence in Post-Soviet Culture

Cornell University Press

Ithaca / London

2022

Дженни Каминер

·

Призрачные мечты

Фантазии о подростковом возрасте в постсоветской культуре

Academic Studies Press

Бостон

2025

УДК 7.067+94(470)
ББК 63.3(2)64
К18

Перевод с английского Марии Быковой

Серийное оформление и оформление обложки Ивана Граве

Каминер, Джженни.

К18   Призрачные мечты. Фантазии о подростковом возрасте
в постсоветской культуре / Дженни Каминер; [пер. с англ. М. Бы-
ковой]. — СПб.: Academic Studies Press, 2025. — 236 с.
ISBN 979-8-887199-55-9 (Academic Studies Press)

В своей книге Дженни Каминер показывает, почему именно подросток — не-
устойчивый, ранимый, склонный к бунту — стал ключевой фигурой в осмыслении
тревожной, противоречивой реальности постсоветской эпохи. Сравнивая российский материал с западными подходами к изучению молодежи, автор вписывает
свое исследование в широкий международный контекст.

Каминер исследует тему на материале прозы, кино, театра и телевидения.
В од-них произведениях подросток предстает как носитель новых смыслов
и перемен, в других — как символ распада и несбывшихся утопий. Анализируя
эту противоречивую фигуру, автор задается важным вопросом: удалось ли
преодолеть инерцию советского прошлого — или оно по-прежнему определяет
культурные образы и способы мышления?

УДК 7.067+94(470)
ББК 63.3(2)64

ISBN 979-8-887199-55-9

Памяти Ольги Каминер (1939–1994)

Список иллюстраций

1. Мертвая Зоя с самолетом. «Зоя». Реж. Лев Арнштам. «Союздетфильм», 1944.

2. Мертвая Зоя с танком. «Зоя». Реж. Лев Арнштам. «Союздетфильм», 1944.

3. «Луна для всех». «Русалка». Реж. Анна Меликян. «Централ Партнершип» и «Магнум», 2007.

4. Алиса в утопии («месте, которого нет»). «Русалка». Реж. Анна Меликян. «Централ Партнершип» и «Магнум», 2007.

5. Зоя (Рената Литвинова) и Вика (Анна Бегунова). «Жестокость». Реж. Марина Любакова. «Студия Павла Лунгина» и «BFG Media Production», 2007.

6. Торжествующая Вика. «Жестокость». Реж. Марина Любакова. «Студия Павла Лунгина» и «BFG Media Production», 2007.

7. Женская общность в страдании. «Жестокость». Реж. Марина Любакова. «Студия Павла Лунгина» и «BFG Media Production», 2007.

8. Библия против бикини. «Ученик». Реж. Кирилл Серебренников. «Hype Film», 2016.

9. Торжествующий Веня. «Ученик». Реж. Кирилл Серебренников. «Hype Film», 2016.

10. Цепь святости. «Ученик». Реж. Кирилл Серебренников. «Hype Film», 2016.

11. Классная комната в сериале «Школа». Реж. Валерия Гай Германика. «Профит» и Первый канал, 2010.

12. Классная комната в фильме «Чучело». Реж. Ролан Быков. «Мосфильм», 1983.

13. Двор для курения. «Школа». Реж. Валерия Гай Германика. «Профит» и Первый канал, 2010.

14. Аня и девочки-эмо. «Школа». Реж. Валерия Гай Германика. «Профит» и Первый канал, 2010.

Благодарности

Появлением этой книги я обязана щедрой поддержке и помощи от многих людей и нескольких организаций. Благодарю Институт феминистских исследований при Университете Калифорнии в Дэйвисе за поддержку проекта «Гендер и подростковый возраст». Спасибо моим коллегам Корри Деккер и Лиз Констебл, а также другим участницам, которые предоставили обратную связь на самых ранних этапах этого исследования. Особой благодарности заслуживает Институт гуманитарных наук в Дэйвисе и его директор Джейми Фишер. Те три месяца, которые я провела в этом институте в качестве сотрудника-исследователя, оказались крайне важными — я смогла закончить рукопись и получила много ценных комментариев и поддержки от других сотрудников. В 2018 году благодаря стипендии от института я смогла съездить в Россию. Спасибо Адаму Зигелю, полиглоту и *extraordinaire* библиотекарю, который героически пережил лавину моих электронных писем и помог мне собрать источники.

Будучи в некотором смысле новичком в области русской культуры и литературы для детей, я благодарна за дружелюбие и поддержку Саре Панкеньер Вельд, Марине Балиной, Ларисе Рудовой, Ольге Бухиной и Анастасии Костецкой. На протяжении нескольких сезонов я встречалась на конференциях с Барбарой Генри и Катей Бауэрс, от которых всегда получала замечательную обратную связь. Элиот Боренстайн оказал мне очень важную поддержку и подсказал несколько ценнейших источников.

Часть главы 1 была опубликована под названием «Призрак подростка прошлого: юные мученицы в "Дурочке" Светланы Василенко и "Русалке" Алисы Меликян» в журнале «Slavic and East European Journal» [Kaminer 2019]. Ранняя версия главы 3 появилась в журнале «Modern Language Review» под названием «Воображаемый подростковый возраст в избранных пьесах российской новой драмы» [Kaminer 2018]. Благодарю редакцию обоих журналов за разрешение использовать эти тексты.

И я в огромном долгу перед моим мужем Кристофом Гумбом, который по несколько раз терпеливо перечитывал каждую страницу и делал все необходимое, чтобы автор не остался печальным и голодным. В 2020 году, когда на мир обрушилась пандемия, он взял на себя родительские обязанности, чтобы я могла заниматься этим проектом. Слишком много авторов забывают благодарить за подобную неоценимую поддержку. Спасибо, что помог мне увидеть свет во мраке. И спасибо моей дочери Шоши, которая и была светом.

Посвящаю эту книгу памяти моей матери Ольги.

Введение

Камера следует за бледным мальчиком-подростком на велосипеде — он одиноко едет по ухабистой провинциальной российской дороге. Меланхолический фон к этому неясному пока путешествию — непроницаемый покров облаков. Мальчик энергично крутит педали, проезжая мимо просевших деревянных сооружений и заросших сорняками полей, где единственным намеком на время действия служат редкие покосившиеся столбы ЛЭП. Может быть, это Россия в XXI веке; может быть — в XIX. В следующей сцене — выразительный широкий кадр: велосипед лежит на земле, а у запыленной автобусной остановки тот же подросток протягивает пожилой женщине лист бумаги. За кадром он объясняет свою миссию: в преддверии президентских выборов 2018 года он агитирует за оппозиционера Алексея Навального и надеется переубедить старшее поколение, которое в большинстве поддерживает президента Владимира Путина. Пожилая женщина не глядя пролистывает страницы: ее безразличие резко контрастирует с жаром юноши. Затем мы видим, как камера берет его крупным планом, и мальчик говорит о важности своих одиноких малопривлекательных поисков: «Однажды я скажу своим детям и внукам, что я спас Россию».

Филипп из Тулы, упоминаемый здесь, часто появляется в документальном фильме Андрея Лошака «Возраст несогласия» (2018), посвященном юным сторонникам Навального из всех регионов России[1]. Вместе с другими героями фильма он подвергается избиениям и многим другим формам запугивания, но с донкихотским упорством продолжает свои попытки пробудить в людях

---

[1] «Возраст несогласия», реж. А. Лошак, телеканал «Дождь», 2018.

интерес к Навальному. Лошак с симпатией изображает их реши-
мость, не ослабевающую даже перед лицом преследований, — его
фильм демонстрирует все характерные признаки «влюбленности
в подростковость». Американская исследовательница образования Нэнси Леско определяет этот феномен как избыточную веру
в способность молодежи обеспечить развитие человеческого
общества. В своей работе 2001 года она писала, что у американцев
период «влюбленности в подростковость» в целом закончился,
однако с тех пор он возвращался снова и снова. В 2018 году, например, автор «New York Times» спрашивал: «Могут ли тинейджеры спасти Америку? Такое уже было» [Lesko 2012: 164][2].

Примерно в это же время некоторые наблюдатели задавались
тем же вопросом в отношении российских подростков. В марте
и июне 2017 года, когда в России происходили протесты против
путинского правительства, а позднее и летом 2019 года многие
отметили поразительную новую черту протестующих: их юность.
Вдохновленные антикоррупционным фильмом Навального,
вышедшим в 2017 году и собравшим 15 млн просмотров на
YouTube, молодые россияне, не особенно активно участвовавшие
в предыдущей волне протестов в 2011–2012 годах, в беспреце-
дентном количестве вышли на улицы[3]. В международных СМИ
замелькали фразы вроде «новое протестное поколение России»,
«бесстрашное поколение» и «революция детей»[4]. Только в Москве

---

[2] См. также материал Джона Гринспана «Can Teenagers Save America? They've
Done It Before», опубликованный в газете «New York Times» 26 марта 2018 года (URL: https://www.nytimes.com/2018/03/26/opinion/teenagers-gun-rally.html).
В статье Гринспана речь идет о подростках из Паркленда, штат Флорида,
которые активно выступают за запрет огнестрельного оружия после массовой стрельбы в их школе.

[3] См. материал Серафима Ореханова «Поколение YouTube: как миллениалы
формируют российскую политику», опубликованный на сайте московского
Центра Карнеги 19 апреля 2017 года (URL: https://carnegie.ru/commen-
tary/68709).

[4] См., например, статью Эндрю Хиггинса и Эндрю Э. Крамера «In Protests,
Kremlin Fears a Young Generation Stirring», опубликованную в газете «New
York Times» 27 марта 2017 года; статью Романа Доброхотова «Russia's New
Protest Generation», опубликованную на портале «Al Jazeera» 29 марта 2017 го-

за время протестов 2017 года было арестовано более 130 несовершеннолетних. В современной России эти «дети Путина» — как их назвал один из бывших политических стратегов Кремля, поскольку они не видели другого режима, — представляют собой потенциально дестабилизирующую силу[5]. Отказавшись от государственного телевещания в пользу социальных сетей и интернет-источников, они оказались за пределами официальных нарративов. И если Кремль в последние годы урезает поддержку для пропутинских молодежных объединений, то российская молодежь, как мы видим на примере Филиппа из Тулы, уже обращается к оппозиции. Это побуждает некоторых предполагать, что будущее путинизма может, по сути, зависеть от этого нового, уверенного и смелого поколения — явное эхо «влюбленности в подростковость», которая, по словам Леско, процветала в Западной Европе и Соединенных Штатах на протяжении всего XX века.

И даже до того, как реальные подростки вышли на улицы весной и осенью 2017 года, российские писатели, драматурги и кинематографисты постоянно обращались к подросткам в качестве протагонистов, чтобы объяснить трещины в современном российском обществе. В этой книге исследуется, как герой-подросток становился локусом мириад тревог и тем фоном, куда

да (URL: https://www.aljazeera.com/indepth/opinion/2017/03/russia-protest-generation-170329113346416.html); статью того же автора «Youth vs Putin—2:0», опубликованную там же 16 июня 2017 года (URL: https://www.aljazeera.com/indepth/opinion/2017/06/youth-protestsrussia-putin-170616115306522.html); статью Кристиана Эрша «The Fearless Generation: Russian Youth Stand Up to the State», опубликованную на портале «Spiegel Online» 11 сентября 2019 года (URL: https://www.spiegel.de/international/world/fearless-generation-in-russia-stands-up-to-the-kremlina-1285954.html); статью Елизаветы Михальченко «Дети Путина на развалинах Кремля, или Что нового в новых протестах?», опубликованную на портале Colta.ru 14 июня 2017 года (URL: https://www.colta.ru/articles/society/15110-deti-putina-na-razvalinah-kremlya-ili-chto-novogo-v-novyh-protestah). Также см. интервью с участниками протеста в материале Романа Дорофеева «Движ не пустой был», опубликованном на портале «Colta.ru» 27 марта 2017 года (URL: https://www.colta.ru/articles/society/14340-dvizhne-pustoy-byl).

5 Цит. по статье Хиггинса и Крамера «In Protests...», см. [Hemment 2015].

проецируются самые горячие надежды, на протяжении всех бурных лет после конца советского эксперимента. В современной российской культуре прослеживается нечто вроде «подросткового поворота», что вызывает устойчивое внимание ученых из Северной Америки, Европы и Латинской Америки, но в гораздо меньшей степени — до сих пор — интересует ученых из стран бывшего Советского Союза. Внимательно проанализировав подборку книг, пьес, теле- и кинофильмов, я выделила ряд устойчивых элементов и особенностей «подросткового поворота» в современной российской культуре[6].

Озвучивая убеждение, что он может «спасти Россию», Филипп из Тулы артикулирует связь между подростковым возрастом и героизмом, сформировавшуюся и продолжившую развиваться в советскую эпоху. До революции, напротив, российская интеллектуальная культура традиционно рассматривала этот возраст как время безвозвратных потерь. Превращение в подростка означало резкий и болезненный разрыв с тем, что Михаил Эпштейн описывает термином «прелапсарианское» [до грехопадения] состояние. В дворянских автобиографиях идея мучительного подросткового возраста укрепляла миф о беззаботном детстве. И хотя детство оставалось важной темой в дискурсе поздней императорской России, вплоть до революции основное внимание было обращено именно на детей, а не на подростков [Эпштейн 2015: 131; Kelly 2007: 572; Wachtel 1990: 130; Neumann 2011: 2]. Роман Ф. М. Достоевского «Подросток» (1875) — пылко изложен-

---

6 Выражение «подростковый поворот» используется в работе Джоффри Магуайра и Рейчел Рэндалл [Maguire, Randall 2018: 23]. Еще в 1985 году Барбара Уайт определила настоящий «культ подростковости» в американской художественной литературе XX века [White 1985: ix]. Среди масштабных работ, посвященных общей теме молодости в постсоциалистическом контексте, можно назвать [Hemment 2015; Schwartz, Winkel 2016; Омельченко 2004; Markowitz 2000; Vassileva-Karagyozova 2015]. Наиболее обширным исследованием феномена детства в российской культуре до конца советской эпохи служит работа Катрионы Келли «Children's World: Growing Up in Russia, 1890–1991». Келли намеренно исключает из своего исследования подростков, определяя детство как период до 13–14 лет [Kelly 2007: 16].

ная от первого лица история 19-летнего Аркадия Долгорукова — служит примечательным исключением из правил. Возможно, Достоевский был первым автором в русской литературной традиции, взглянувшим на проблемы общества сквозь призму героя-подростка. Действие его романа разворачивается на фоне больших исторических перемен — многочисленных потрясений, происходящих в России после освобождения крепостных крестьян и Великой реформы, а также индустриального роста и распространения капиталистических ценностей. В фигуре подростка Достоевский «воплощает собственную модернизацию России, где новому непросто ужиться со старым» [Holland 2013] в быстро развивающемся обществе, — а позднее его примеру последуют постсоветские писатели, драматурги и кинематографисты, о которых пойдет речь в настоящем исследовании.

После 1917 года подростки стали особенно сильным источником советской культурной мифологии. В проанализированных мной произведениях обнаруживается интересный материал для изучения одного из важнейших вопросов, встающих перед исследователями современной России: сохраняют ли советские культурные модели свое ведущее значение или они уже успели поблекнуть [Dobrenko, Lipovetsky 2015: 14]? Вместо того чтобы предоставить энциклопедический, всесторонний обзор бесчисленных текстов с главным героем — подростком, созданных в российской культуре с 1991 года, я выбрала несколько образцов, облегчающих историзацию современного представления о российском подростке. В отобранных работах рельефно выделяются специфические элементы, показывающие, как эти фантазии мутировали — или, напротив, оставались неизменными — на протяжении как советского, так и постсоветского периодов: насилие, темпоральность, гендер и тело.

При близком рассмотрении этих фантазий, преломленных современной российской культурой, становится очевидно, что в некоторых важных аспектах советское наследие по-прежнему сохраняет свою роль и в постсоветские годы. В некоторых рассмотренных здесь работах видят возможность спасения модели героического подростка и в новом обществе. Другие авторы, наоборот, отправляют этот образ на свалку истории, ассоциируя его с отвращением или страхом или открыто набрасывая трагические последствия, характерные для комбинации подросткового возраста, насилия и фантазий. Обнажая советский миф о подростке, сохранившийся и в современной России, некоторые авторы прямо или косвенно возвращаются к дореволюционным моральным и религиозным идеалам. Это благоговение, в свою очередь, проливает критический свет на тот факт, что официальная российская культура опирается на тропы недавнего советского прошлого в производстве моделей для постсоветской молодежи. Во многих рассмотренных здесь работах звучит осуждение современного российского общества, в особенности его политического и официального медиадискурсов. Если взглянуть более широко, то некоторые авторы также критикуют один из центральных принципов, легших в основу и российских, и западных фантазий о подростке: идею, что молодежь якобы всегда движется вперед, к некоей предопределенной конечной цели, и тем самым служит гарантом прогресса и здоровья всего общества в целом.

Обещание юношеству

В этой книге речь пойдет о том, какие фантазии о подростках существовали в России с 1991 года и как эти фантазии отражались в избранных работах культуры. Термин «фантазии» я позаимствовала у культуролога Лоры Берлант, которая определяет фантазию следующим образом: «способ накопления идеализирующих теорий и картин о том, как человек и мир "чем-то становятся"» [Berlant 2011: 2].

Как минимум с начала XX века подростковый возраст стал одной из самых ярких и продуктивных сфер для транслирования таких «идеализирующих картин». В культурном воображении Америки стартовой точкой для формирования мифа о подростке является 1904 год, когда из печати вышел обширный труд Г. Стэнли Холла, быстро завоевавший популярность и у международной аудитории. Холл придавал невероятное значение этому недавно открытому возрасту. С его точки зрения, подросток стоит на распутье: либо он в некотором смысле родится заново, перейдет на более высокий уровень (тем самым обеспечивая прогресс), либо откатится назад к детству и дикости (тем самым предвещая угасание цивилизации) [Hall 1904; Baxter 2011: 50–53; Savage 2008: 68; Lesko 2012: 28–29][7]. Иными словами, общество «станет чем-то», только если подростки выберут верный путь развития. В современном представлении подросток воплощает в себе обещание общественных изменений: вот почему правительство и социальные институты не жалеют ресурсов на то, чтобы обучать и контролировать молодых людей — и не давать реальности отклоняться от фантазии [Romesburg 2013: 229]. Свой вклад в развитие этого нового мифа внесли также писатели и художники модерна. Образ подростка — «бунтаря и революционера, сражающегося против диктатуры семьи, церкви и государства», теперь ставший штампом, берет начало в таких произведениях, как джойсовский «Портрет художника в юности» (1916 год), а также в работах экспрессионистов [Neubauer 1992: 11].

В послереволюционной России теоретики общественного строя тоже интересовались идеями Холла. Как пишет историк Энн Горсач, фантазия о подростках «стала советской». Для ранних большевиков именно подростки служили самой послушной глиной, той *tabula rasa*, на которой проще всего оказалось оттиснуть представление о новом советском человеке [Gorsuch 2000: 15; Neumann 2011: xv]. В первые годы революции — и особенно в ходе Гражданской войны 1917–1921 годов — процветали яркие фантазии о юношестве с его «энтузиазмом, энергией, оптимизмом и бунтарским духом» [Gorsuch 2000: 15]. При этом в процессе труда на благо коллектива подросток превращался в идеального, ориентированного на мирную жизнь гражданина для СССР. Эта диалектическая связь гипотетически гарантировала возникновение «строителя коммунизма», от которого и зависело будущее советского эксперимента [Pilkington 1994: ch. 3].

---

[7] Холл верил в необходимость «социально одобренного продления подросткового возраста», которое, в свою очередь, служило «индексом уровня цивилизованности» в американском обществе (см. [Savage 2008: 72]).

Жестокие мечтания

Однако в советском пространстве фантазия о подростке приобрела особые черты — к ней добавилась идея жестокости и жертвенности. Как станет видно из главы 1, советские подростки стали наиболее сильными и выносливыми сакральными жертвами. С самого начала советской истории в официальной подростковой культуре громко звучал язык войны и насилия. Во время Гражданской войны большевики наделяли подростков такими «военными добродетелями», как «отвага и жертвенность <...> сила, выносливость, твердость»; подростки были «воинами и революционерами» [Gorsuch 2000: 16]. Даже когда война была закончена, язык боевых действий по-прежнему превалировал в официальных молодежных газетах. По инициативе комсомола (возраст участия в котором составлял 14–28 лет) создавались движения «легкой кавалерии», «бригад» и «фронтов» [Pilkington 1994: 58]. Владимир Маяковский (1893–1930), написавший ряд произведений для юного читателя, ярко сформулировал эту связь между милитаризмом и молодежью в стихотворении «Возьмем винтовки новые» (1927), где дети с песней учатся стрелять [Hellman 2013: 308][8].

В сталинские 30-е государственная идеология продолжала настаивать на военных ценностях для всех граждан. Перед лицом надвигающегося и казавшегося неизбежным конфликта школьники учились воевать. На фоне угрозы войны комсомол готовил советских подростков к «нескончаемой задаче защиты социализма» — приучал к дисциплине, проводил базовое военное обучение. Насилие стало важнейшим драматическим элементом в спектаклях ТЮЗов, также игравших немалую роль в идеологическом образовании [Bernstein 2017: 8][9]. Один из самых выдающихся и популярных детских писателей СССР Аркадий Гай-

---

[8] Стихотворение Маяковского было впервые опубликовано в газете «Пионерская правда» (№ 11 от 18 июня 1927 года).

[9] Как указывает Бернстайн, подобная милитаризация молодежи в период между двумя мировыми войнами имела место и в других странах, например в Германии и Италии. См. также [Wolfson 2008: 184].

дар (1904–1941) постоянно пишет о войне и готовности к бою. Так, 15-летний герой его повести «Школа» (1930) сбегает из дома, чтобы присоединиться к Красной армии и преодолевает свое отвращение перед жестокостью и смертью. В повести «Военная тайна» (1934) Гайдар передает самую атмосферу этого десятилетия: он пишет, что истинной «военной тайной» Советского Союза был «боевой дух подрастающего поколения», множества подростков, готовых пожертвовать собой в бою [Гайдар 1947; Гайдар 1972; Kucherenko 2011: 9].

Эта культура милитаризма и жестокости помогла поколению юных граждан СССР взяться за оружие во время Великой Отечественной войны, когда в небывалом количестве они добровольно отправлялись на фронт [Kucherenko 2011: 1–2][10]. Те из них, кто погиб смертью храбрых, становились героями — прославленными и увековеченными в книгах, фильмах и на картинах. Украинские подростки из романа Александра Фадеева «Молодая гвардия» (1945) и последующей экранизации Сергея Герасимова (1948) стали примером для всего послевоенного поколения. Этот роман, основанный на реальных событиях, рассказывает историю группы подростков — подпольщиков Краснодона, которые отважно сражались против фашистов, пока не попали в плен, где были замучены и убиты. Преданные делу, дисциплинированные и умные, члены «Молодой гвардии» воплощали в себе те самые качества, которые хотела видеть в советской молодежи послевоенная власть; они служили идеальным звеном между героическим прошлым и воображаемым триумфом в будущем. Воспевание героев Второй мировой войны — таких, как краснодонские подростки, — играло ключевую роль в «моральном конструировании» молодежи, характерном для периода оттепели, когда считалось, что подростков нужно мобилизовать и дисциплинировать [Уль 2011]. Однако «Молодая гвардия» также раскрывает квазисуицидальную природу попыток советской власти социализировать

---

[10] Представляется практически невозможным оценить число несовершеннолетних участников Второй мировой войны; Кучеренко приводит ориентировочные цифры 60 000–300 000. См. также [Bernstein 2017].

молодежь. Мертвые подростки — такие, как члены «Молодой гвардии» и 18-летняя Зоя Космодемьянская, «советская Жанна д'Арк», о которой пойдет речь в главе 1, — внесли непропорционально большой вклад в производство мифологии жертвенности, с помощью которой советское государство прививало свои ценности и поощряло патриотические настроения[11].

С середины 2010-х годов в молодежной политике России заново наметился этот милитаристский сдвиг. В октябре 2015 года Путин распорядился о создании Юнармии, «молодежного военно-патриотического движения» под эгидой российского Министерства обороны. С того момента в ряды Юнармии вступило примерно 808 тысяч детей и подростков в возрасте от 8 до 18 лет[12]. Они участвуют в военных играх, учатся на скорость собирать оружие, стреляют в цель и тренируют физическую выносливость. Противники организации утверждают, что ее существовании противоречит конвенции ООН «О правах ребенка», которая выступает против милитаризации детства, и видят в этом попытку Путина соперничать с оппозиционерами вроде Навального в борьбе за популярность среди российских подростков[13].

В области культурной политики государство стремится укрепить связь с молодежью посредством военной культуры и истории. Так, в апреле 2019 года российское государственное телевидение запустило «Победу» — новый интернет-канал для молодежной аудитории, на котором 24 часа в сутки 7 дней в неделю транслируются фильмы о Второй мировой войне. По словам

---

[11] См. [Фадеев 1946] и фильм «Молодая гвардия» (1948). О термине «мифология жертвенности» и его значимости для советского и постсоветского общества см. [Minkova 2018: 2].

[12] См. официальный сайт организации, где указано текущее число участников: https://yunarmy.ru. В настоящей книге приведены данные по состоянию на июнь 2021 года.

[13] См. статью Эвана Гершковича «Russia's Fast-Growing 'Youth Army' Aims to Breed Loyalty to the Fatherland», опубликованную 6 ноября 2019 года в «Moscow Times» (URL: https://www.themoscowtimes.com/2019/04/17/russias-fast-growing-youth-army-aimst-to-breedloyalty-to-the-fatherland-a65256).

Константина Эрнста, директора Первого канала, задача «Победы» состоит в укреплении связи между поколениями, в передаче «эстафетной палочки» от тех, кто жил во времена Второй мировой войны, к молодым россиянам[14]. Таким образом телевидение стремится привить своим мирным зрителям идеалы военного времени — героизм и способность к самопожертвованию. Продвижение этих ценностей совпадает с агрессивной внешней политикой, ведущейся с 2014 года, самым ярким проявлением которой стало вторжение в Крым и текущий конфликт на востоке Украины. Цитируя российского адвоката, выступавшего в защиту арестованного журналиста, «с 2014 года мы находимся в постоянном состоянии войны»[15].

Один из центральных вопросов, поставленных в этой книге, касается унаследованного от СССР переплетения подростковости с военными ценностями, героизмом и самопожертвованием, которое явно сохраняется и в постсоветские времена. В дальнейших главах мы рассмотрим, как писатели, драматурги и сценаристы по-разному видят сопряжение подросткового возраста с насилием. В целом можно сказать, что они отвергают образ героического подростка, унаследованный от СССР и характерный для официальной российской культуры.

Подросток как угроза

В фантазиях подросток может представать не только в идеализированном, но и в пугающем виде. В начале XX века в США фигура подростка воплощала в себе опасности, вызванные бы-

---

[14] См. новостной сюжет на Первом канале «Сегодня начала вещание "Победа" — новый канал "цифрового семейства" Первого» от 9 апреля 2019 года (URL: https://www.1tv.ru/news/2019-04-09/363323-segodnya_nachala_veschanie_pobeda_novyy_kanal_tsifrovogo_telesemeystva_pervogo). Больше о молодежной культурной политике и связанных с ней военных ценностях см. у [Thomas 2020: 59].

[15] См. материал Сары Рейнсфорд «Russian Journalists in Shock as FSB Hunts Enemy Within», опубликованный в «BBC News» 12 июля 2020 года (URL: https://www.bbc.com/news/world-europe-533619610).

строй модернизацией и урбанизацией. По мере роста городов подростки становились все заметнее — и даже сама их возрастная категория отчасти была выделена как способ справиться с этой проблемой. Появились суды по делам несовершеннолетних. Изменилась образовательная система. Все это послужило реакцией на появление Страшного Подростка — образа, в котором, в свою очередь, отразился страх перед ростом урбанизации[16]. В эпоху «позолоченного века» о молодежной преступности писали на первых полосах газет: ужасающие преступления подростков служили темным отражением благородной, «воспитанной» молодежи [Savage 2008: 7–15]. Как пишет Леско, «подростковый возраст считался тем критическим периодом, когда человек (и народ) либо превращался в более развитую, высокоорганизованную, западную версию себя самого, либо навеки оставался в состоянии дикаря». Призрак такого дикого подростка с «демонической энергией», который так и не смог ее обуздать для успешного воспроизводства различных социальных иерархий, продолжал преследовать западное общество на протяжении всего XX века [Lesko 2012: 29][17].

В раннем советском обществе также вставал вопрос о том, что будет, если на пресловутой *tabula rasa* появится неправильная запись. В 20-е годы началась эпоха НЭПа — новой экономической политики, допускавшей ограниченные элементы капитализма в целях восстановления советской экономики. Именно тогда возникает обеспокоенность по поводу неспособности молодых людей сдерживать свой пыл. Что скажет радикально настроенная молодежь относительно умеренности НЭПа? Может ли избыток революционного энтузиазма быть так же опасен, как антиреволюционные чувства?[18] В то же время десятки тысяч бездомных детей и подростков — жертв нескольких лет войны, революции,

---

[16] См. подробнее в [Baxter 2011].

[17] Выражение «демоническая энергия подросткового возраста» употреблено в статье Джеффри Г. Хартмана «A Short History of Practical Criticism», которую цитирует [Spacks 1981: 14].

[18] См. [Gorsuch 2000: ch. 4].

голода и огромных социальных потрясений — беспокоили и большевиков, и население страны в целом. Захватывая публичное пространство и прибегая к криминалу в качестве стратегии выживания, эти молодые люди демонстрировали безразличие к советским проектам социальных преобразований. Если изначально их могли пожалеть как жертв несправедливости старой капиталистической системы, то в конце концов эти бездомные дети и подростки предъявляли советскому обществу его собственные неудачи. Многие опасались, что их «болезни» — девиантность, хулиганство, пьянство — могут распространиться и на «здоровую» молодежь, если не будут сдержаны [Pilkington 1994: 60–64; Gorsuch 2000: ch. 7]. Чтобы заново встроить беспризорников в советское общество, была создана сеть детских домов, коммун и даже целых городов. Образ подростка-хулигана, перевоспитанного в идеального гражданина под воздействием коллектива, возник как повторяющийся элемент в кино и литературе[19]. Еще бо́льшая вспышка моральной паники случилась после Второй мировой войны, когда многие взрослые задавались вопросом: остались ли у подростков, видевших столько хаоса и насилия, хоть какие-то моральные ориентиры? [Fuerst 2010: 190–191.][20]

Апатия — состояние, в котором человек ничего не делает и ни во что не верит, — тоже может быть истолкована как опасная форма хулиганства. Советское правительство беспокоила «серая масса безразличной молодежи», особенно в послевоенное время. К 70-м годам КПСС направляла значительные усилия на борьбу с апатически настроенной молодежью, которая вопреки официальной атеистической доктрине соблюдала религиозные ритуалы.

---

[19] См., например, повесть Григория Белых и Леонида Пантелеева «Республика ШКИД» (1927), по мотивам которой в 1966 году был снят популярный фильм (реж. Геннадий Полока); фильм Николая Экка «Путевка в жизнь» (1931), основанный на работах знаменитого советского педагога Антона Макаренко; и фильм Динары Асановой «Пацаны» (1983), в котором представлен куда более пессимистический взгляд на то, может ли государство перевоспитать трудных подростков.

[20] Термин «моральная паника» по отношению к молодежи впервые использовал британский социолог Стэнли Коэн в [Cohen 2011].

Такой «духовный консюмеризм» среди предполагаемых строителей светлого будущего с их неявным отрицанием атеистической картины мира угрожал самим философским основаниям советского государства [Smolkin 2018: 209, 205–215]. Заглавная героиня знаменитого перестроечного фильма Василия Пичула «Маленькая Вера» (1988) — 18-летняя девушка, мечущаяся между пьяницей-отцом, эгоистичным бойфрендом и унылым будущим в качестве телефонистки, — стала символом этой раздраженной «серой массы». Оставшись со своим молодым человеком на пляже, в ответ на его вопрос о цели в жизни Вера иронически заявляет: «Цель, Сережа, у нас одна — коммунизм». У советских зрителей этот ответ вызывал взрыв смеха[21].

Однако самым дестабилизирующим аспектом подросткового возраста в советском воображении была восприимчивость и уязвимость молодых людей по отношению к соблазнам Запада. В ранние годы XX века европейские и американские социологи по большей части объясняли молодежную преступность совокупностью внутренних факторов, будь то психологические проблемы или нездоровая семейная динамика. Их советские коллеги, напротив, видели преступность такого рода как позаимствованный феномен, как некую внешнюю силу, заразившую молодежь извне. В отдельные исторические моменты эта тема, в целом плотно вплетенная в ткань советской истории, выходит на передний план. В эпоху НЭПа мода и музыка, зародившиеся в Париже и Нью-Йорке, вдохновляли молодых советских фальшивомонетчиков и фокстроттеров. Для большевистских моралистов подобное потакание иностранной одежде и танцу означало дестабилизирующую, еретическую девиацию [Gorsuch 2000: 22, 118].

К 50-м годам парадигма «молодежи как жертвы западного влияния» заняла доминирующее положение и стала определять

---

[21] См. [Beardow 2003: 43]. Другой важный фильм эпохи перестройки — это «Легко ли быть молодым?», первый документальный фильм о молодежи в Советском Союзе. Его герои, такие же циничные подростки, жалуются, что им, в отличие от старшего поколения, пережившего Вторую мировую войну, «не к чему стремиться».

курс официальной политики. Когда в 1957 году множество американцев, европейцев и других зарубежных гостей оказались в Москве для участия в VI Международном фестивале молодежи и студентов, беспокойство перед иностранным влиянием совпало со страхом перед необузданной сексуальностью молодежи и достигло нездоровых высот. Их поведение стало новым фронтом холодной войны. Любовь к западной рок-музыке среди подростков предвещала крах советских ценностей в более широком геополитическом контексте. В 80-е годы некоторые наблюдатели даже заявляли, что западная разведка активно работала с уязвимой молодежью, вовлекая их в психологическую войну при помощи музыки и других форм искусства [Roth-Ey 2004: 89; Pilkington 1994: 67, 69, 80; Fuerst 2010: 4][22].

Этот страх хорошо описан в сцене романа «Мультики» (2010), вышедшего из-под пера современного писателя-националиста Михаила Елизарова. Действие происходит в конце 80-х. Главный герой — 15-летний подросток, присоединившийся к банде хулиганов. Они бродят по улицам с девушкой, одетой в шубу на голое тело, и она неожиданно распахивает полы перед одинокими мужчинами, а хулиганы требуют с них денег за просмотр «мультика». Наконец, главного героя хватает полиция, и его отправляют в специальное учреждение для перевоспитания. Там он встречается с Ольгой Викторовной, которая и наблюдает за процессом превращения из преступника в образцового советского гражданина. В длинном монологе она озвучивает в ретроспективной форме этот характерный для последних лет СССР страх перед упадком нации, вызванный слабостью молодежи. Для страны, заявляет она, наступили очень тяжелые времена, и враг повсюду. По ее мнению, «западная пропаганда» растлила советскую молодежь, которой не хватает «иммунитета» сопротивляться «западной заразе» [Елизаров 2010: 112][23].

---

[22] Больше о холодной войне и молодежи см. в [Medovoi 2005; Lesko 2012: ch. 5].

[23] Елизаров родился в Украине. В 2008 году его роман «Библиотекарь» был награжден премией «Русский Букер».

Беспокойство относительного этого слабого иммунитета — и других слабостей, характерных для молодежи, — сохраняется и в постсоветские времена, достигая своего пика к концу 90-х. В публичных дискуссиях представителей нового поколения изображают «апатичными, аполитичными и болезненно сконцентрированными на себе»: живое свидетельство неудачного перехода к рыночной экономике [Hemment 2015: 28]. После 2001 года, когда Путин приходит к власти, государство начинает вкладывать значительные ресурсы в спасение этого якобы потерянного поколения: была создана государственная программа «Патриотическое воспитание», основаны прокремлевские молодежные группы «Идущие вместе» и «Наши». Молодым людям предлагалось отказаться от нестабильности 90-х, чтобы на смену цинизму пришло желание обеспечить стране светлое будущее. На фоне демографического спада, беспокоящего многих наблюдателей, молодежные патриотические инициативы Кремля подталкивают молодых россиян отказаться от эмиграции, оставаться дома, «рожать детей и служить народу» [Hemment 2015: 32][24].

Эти две фантазии — идеальный подросток и подросток пугающий, — само собой, не развиваются по отдельности друг от друга. Как выразился в 50-е годы один офицер госбезопасности, молодой человек, танцующий под американскую рок-музыку, попусту тратит энергию, которую можно было направить на строительство ГЭС [Stites 1992: 133]. Федеральное агентство по делам молодежи (Росмолодежь), один из государственных органов, которому было поручено заниматься реализацией государственных патриотических молодежных инициатив, демонстрирует схожее напряжение между героической и разрушительной

---

[24] «Наши» были основаны — по крайней мере, отчасти — как ответ на «цветные революции» начала нулевых, и в особенности на «оранжевую революцию» в Украине, чтобы косвенным образом подавить какую-либо оппозиционную деятельность среди российской молодежи. Участники этого движения часто прибегали к насильственным методам — например, «нанимали скинхедов и футбольных фанатов, которые жестоко избивали сторонников оппозиции и совершали набеги на их штаб-квартиры». Из-за этого они получили прозвище «путин-югенд». См. [Fenghi 2020: 16].

молодежью. Обращаясь к своей целевой аудитории как к потенциальным спасителям России, авторы этих материалов тем не менее изображают молодежь самодовольной, материалистичной и слишком увлеченной западной культурой потребления, чтобы помнить о своем гражданском долге. Они пытаются пробудить патриотизм и отвращение к себе одновременно, мечты о величии и страх перед преждевременной смертью. Иными словами, в этих рекламных материалах перерабатываются знакомые советские тропы, наделяющие подростков избыточной способностью к прогрессу и дестабилизации общества. И российским, и западным фантазиям о подростковом возрасте, с начала XX века и до наших дней, не хватает одного и того же: умеренности и неоднозначности [Hemment 2015: 19–21][25].

Тирания будущего

Фантазии о подростковом возрасте глубоко встроены в представления о времени. Центральное напряжение, присущее подростковому периоду, в темпоральных терминах описывается как напряжение между бытием и становлением [Burt 2012: 213]. Некоторые исследователи даже отказывались выделять подростковый возраст как особую жизненную стадию, утверждая, что перед нами «переходный период, не обладающий независимой реальностью», «чей смысл восходит к прошлому и к связи с некоей будущей взрослостью, к которой он стремится и разворачивается» [Douvan, Adelson 1966: 229]. Иными словами, западные культуры и общества придают подростковому возрасту телеологический компонент, отрицающий настоящее во имя будущего. Леско называет этот феномен «паноптическим временем»: значение придается тем финальным точкам, к которым должна двигаться мо-

---

[25] Хеммент утверждает, что ни беспокойство по отношению к подросткам, которое в XXI веке испытывает российская власть, ни стратегии, призванные справиться с этим беспокойством, не являются чем-то уникальным: и то и другое можно обнаружить в контексте других государств. См. [Hemment 2015: 8]. Более подробно о контрасте между молодежью как идеалом и молодежью как угрозой в ранний советский период см. в [Kuhr-Korolev 2005].

лодежь, их потребности исполнить предначертанный темпоральный нарратив. Истории о развитии подростка — это «нарратив выполнения», движение к предопределенному финалу — нормативной взрослости — в предопределенном, не слишком быстром темпе. Признаки слишком раннего развития или других отклонений выдают дегенеративность. И взрослые, и сами подростки должны следить за такими отклонениями от нормы. Как «бентамовская тюрьма-паноптикум», объясняет Леско, «подростковое развитие — это способ, с помощью которого подростки наблюдают друг за другом и корректируют друг друга» [Lesko 2012: 91]. Иными словами, идее подросткового возраста в западной культуре часто недостает «разновременности» — используя термин Михаила Бахтина, — или возможности множественных вариантов будущего, не сводящегося к достижению взрослости как переходу от социального «чужака» к «своему» [Morson, Emerson 1990: 368]. В русском языке эта телеология выражена лингвистически: само слово «подросток» образовано от глагола «подрастать», что еще раз подчеркивает идею движения, а не стазиса.

В XX веке темпоральный аспект конструкции подросткового возраста тоже «стал советским». Советские подростки-мученики добавили новое измерение этому телеологическому «нарративу выполнения», воплотив в себе статическую связь между подростковым возрастом, необыкновенными деяниями и самопожертвованием. В некотором смысле СССР уничтожил барьеры между детством, подростковым возрастом и взрослостью, в процессе перевернув нормативную темпоральность. Молодой человек здесь — уже не «будущий гражданин»: упор на военно-патриотическое воспитание предполагает, что дети и подростки способны быть полноценными гражданами, а при необходимости готовы осознанно пожертвовать собой ради государства. Подросток развивается по направлению не к взрослости, как у Леско, а к идеальной версии себя самого — воплощенной в образах подростков-мучеников Второй мировой войны, на которых равнялись все остальные [Tumarkin M. 2011: 889–890][26]. Советская

---

[26] Тумаркин ярко описывает, как сама в подростковом возрасте была увлечена историей Зои и мечтала стать такой же храброй.

литература и театр еще больше стирали эту грань между детьми и взрослыми, изображая ребенка как «товарища, участвующего во всех сторонах жизни, <...> строителя нового мира, маленького хозяина советского народа»²⁷. Сталинский кинематограф избегал каких-либо визуальных различий между детьми и молодыми взрослыми: и те и другие в равной степени были готовы принести себя в жертву ради нации [Klimova 2013: 84; Prokhorov 2008: 138].

В то же время, особенно сразу после войны, перед представителями режима и советскими гражданами в целом возникла темпоральная проблема другого рода. Многие опасались, что за годы вооруженных конфликтов молодежь подвергалась такой жестокости, что ее развитие было радикально подорвано. Советские подростки, чье детство похитила война, слишком рано стали маленькими взрослыми [Bernstein 2017: 221]. В последнее десятилетие СССР и первые постсоветские годы в академических кругах и популярных СМИ циркулировало еще одно проявление темпорального беспокойства. Конец социалистического эксперимента означал, что младшее поколение оказалось исключено из символического времени: оторвано от прошлого и лишено будущего [Pilkington 1994: 193].

Этот момент темпоральной тревожности и будет моей стартовой точкой. Какие связи с прошлым, настоящим и будущим рисуют своим юным героям российские писатели и кинематографисты после катастрофы 1991 года? При анализе книг, пьес, кино- и телефильмов я обращаю особое внимание на рассеянные «хронотопы подростковости», как переформулирует термин Бахтина Леско, которые встречаются в каждом произведении.

---

²⁷ В. В. Смирнова, цит. по: [Goscilo 2014: 346, прим. 25]. Кучеренко описывает, как «парадигма того, что дети не отличаются от взрослых», повлияла на подбор репертуара для ТЮЗов [Kucherenko 2011: 33]. Эпштейн проводит важное разделение между дореволюционной и советской культурой: он указывает, что если у писателей XIX века, таких как Л. Н. Толстой и Ф. М. Достоевский, «лучшие взрослые персонажи (Наташа Ростова, Алеша Карамазов, князь Мышкин) наделены детскостью, то у писателей 1920–1930-х годов самые положительные детские персонажи поражают взрослостью» [Эпштейн 2015: 151].

Подвергая сомнению связь между подростками и героизмом/прогрессом, столь незыблемую в советское время, эти работы исследуют сложность передачи знаний и ценностей в обществе, лишившемся единого доминирующего метанарратива. Более того, некоторые из этих произведений обращаются к идеалам более далекого, досоветского прошлого в поиске устойчивых моделей для современной молодежи.

Нестабильные тела

Фантазии о подростковом возрасте тесно переплетены с идеями гендера и тела. В начале XX века теоретики подчеркивали универсальные, предположительно агендерные характеристики своих построений. Однако это не помешало возникнуть «двойному дискурсу», где, с одной стороны, идея всеобщности подчеркивала универсальность подросткового опыта, а с другой — «путь становления, предлагаемый подростку, определялся гендером и часто был мизогинным» [Baxter 2011: 62]. Иными словами, романтизируя обещание, воплощением которого служит молодежь, Холл и другие избегали говорить о роли гендера в том, как именно подросткам предстоит обновить общество. В то же время такие институты, как только появившаяся на тот момент система судов по делам несовершеннолетних в США, четко интерпретировали аберрантное, «дикарское» поведение в соответствии с гендерными границами. Если подростков-мальчиков арестовывали за любые преступления, то девочки оказывались в суде по большей части за нарушения, связанные с моралью и потерей добродетели [Ibid.: 41]. Вместе с тем Холл полагал, что у каждого пола есть свои цели. Девушке полагалось готовиться к роли жены и матери, а юноше — укреплять свою новоприобретенную мужественность физическими упражнениями. Любые проявления феминности у мальчиков подлежали немедленному искоренению, поскольку образовательные (и не только) институты направляли американских юношей по определенному пути — к становлению «мужественным христианином». На протяжении всего XX века тело подростка было полем боя за очертания нормативных феминности и маскулинности [Lesko 2012: 50, 42].

Начиная с последних десятилетий XX века исследовательницы-феминистки выявляют и распутывают прежде остававшееся неисследованным уравнивание между подростковым возрастом и физиологической мужественностью. Они критиковали литературоведов и культурологов за то, что те рассматривали этот феномен лишь в приложении к мальчикам [Driscoll 2002: 6][28]. Некоторые объявили работы Холла антифеминистическими, утверждая, что они служат реакцией на угрозу появления Новой Женщины, возникшей в последние десятилетия XIX века [Bilston 2004: 172]. Исследования девичества, ставшие новой и процветающей научной дисциплиной, оформились в 1980–1990-е годы, когда возник подход, подразумевающий, что девочки сами управляют своей судьбой[29]. Феминистская поэтика подростничества материализуется и в последние десятилетия, когда писатели все чаще исследуют «телеологию женственности», с которой нередко сталкиваются девушки [Burt 2012: 213]. Ученые критикуют подход, согласно которому подростковый возраст (в том числе и у мальчиков) подвергается феминизации и все чаще ассоциируется с такими условно женскими чертами, как эмоциональная неровность и проблемность [Driscoll 2002: 7].

В советские годы конструкты гендера и тела часто играли дестабилизирующую роль, превращая фантазии о подростке из идеализирующих в угрожающие. Если благородный, жертвующий собой, прекрасный в смерти герой вызывал благоговение, то неловкая лиминальность живого взрослеющего тела пробуждала только беспокойство. В раннесоветской России человеческое тело воспринималось как машина — понятная, годящаяся для починки, лишенная каких-либо тайн, — и эта концепция испытывала угрозу со стороны непредсказуемого, меняющегося тела

---

[28] См., например, критику Саваджа и Ноубауэра в [Rodgers 2016: 2].

[29] Междисциплинарный журнал «Girlhood Studies» был основан в 2008 году. См. интересный обзор исследований, посвященных девочкам и девушкам, в [Mazzarella 2018].

[Гусарова 2008]. Ранние большевистские мыслители переживали, что «хрупкие организмы» подростков могут помешать их превращению в продуктивных работников — а ведь именно эту роль тем предполагалось исполнять с 15 и до 60 лет [Глезер 1929: 52]. В 1930-е годы пубертат начинает нарушать классическую соцреалистическую симметрию, в то время как сдержанность по отношению к физиологии взрослеющего тела характеризует культурную продукцию большей части советских лет. Катриона Келли пишет о «невидимости подростков» в официальной культуре эпохи Сталина, отмечая среди прочего то, что на портретах изображали либо детей до пубертата, допустимых в силу их пропорциональности, либо молодых взрослых, часто одетых и причесанных так, как если бы они были гораздо старше [Kelly 2016: 27][30].

В советской детской литературе 20–30-х годов детей фактически изображали внегендерно: и у мальчиков, и у девочек ценились «сила, ловкость, длинные ноги, сильные руки» [Balina 2014: 360]. В соответствии с более широкими тенденциями советской литературы в целом, маскулинность обладала преференциями перед феминностью, а идеалом была андрогинность. У мальчиков в таких текстах подчеркивается маскулинность и готовность при необходимости вступить в драку, а у девочек — мальчишеские фигуры, короткие волосы, отсутствие интереса к внешнему виду. Когда этим вымышленным девочкам разрешается мечтать, они представляют себя мальчиками. При этом девочка, уделяющая избыточное внимание женственности, кажется сверстникам подозрительной. Чтобы быть принятой коллективом, сначала нужно отказаться от таких дешевых радостей, как хорошая одежда и украшения. И даже когда в литературе и кино для взрослого зрителя образ атлетичной, готовой к сражению женщины начал тускнеть, табу на упоминание пубертата и подростковой сексуальности никуда не делось:

---

[30] В качестве первой визуализации девочек-подростков в русской культуре Розалинд П. Блейксли называет серию портретов смолянок кисти Д. Левицкого. См. [Blakesley 2014: 10–37].

в произведениях для юношества по-прежнему царил андрогинный идеал [Ibid.: 361–362].

В эпоху оттепели подростки стали в какой-то степени более заметными: в произведениях таких авторов, как Василий Аксенов (1932–2009), появились более сложные портреты юных персонажей, по преимуществу мальчиков[31]. Кроме того, в постсталинскую эпоху, особенно при Брежневе (1964–1982), выделился отдельный жанр подросткового фильма. Персонажи таких фильмов стали принимать собственные решения, не полагаясь на руководство партии или официальную идеологию. В отличие от своих предшественников сталинских времен, они получили право на частную жизнь и собственные «тайны, интересы и мечты» [Klimova 2013: 86]. Режиссеры брежневской эпохи — например, Илья Фрэз («Вам и не снилось», 1980) и Павел Любимов («Школьный вальс, 1978) — хоть с осторожностью, но исследуют романтические отношения между подростками, тем самым бросая вызов запрету на изображение подростковой телесности. В их фильмах видят завуалированный комментарий к советской сексуальной политике 70-х — начала 80-х годов [Там же: 129].

Как бы то ни было, несмотря на отдельные исключения, отношения между мужчиной и женщиной в СССР в основном изображались «товарищескими». И даже если в советской литературе для подростков повсеместно поднималась тема первой любви, любые физиологические аспекты оставались табуированными [Goscilo 2014: 345, прим. 18]. Только в конце 70-х годов официальные газеты начали обсуждать феномен подростковой беременности и возможность приобретения подростками знаний о сексе вопреки официально предписанному безмолвию. Эта

---

[31] О возникновении «молодежного романа» в эпоху оттепели у таких писателей, как В. Аксенов, см. [Clark 2000: 226–232]. Самым известным произведением этого типа, вероятно, служит роман Аксенова «Звездный билет» (1961) о выпускниках школы, которым предстоит узнать себя. См. [Аксенов 2001]. Александр Прохоров утверждает, что в фильмах 50-х и 60-х годов «подросток выходит за былые границы допустимого», тем самым помогая очертить заново определенные ценности оттепели. См. [Prokhorov 2007: 118].

новая открытость характеризовала публичный дискурс времени гласности и перестройки в середине и конце 80-х годов, хотя не всегда это распространялось и на подростков. В 80-е годы в школах ненадолго ввели предмет сексуального образования, однако учителя оказались к этому не готовы, и эксперимент провалился [Livschiz 2008: 412; Kon 2005: 113]. При этом в кинематографе того времени появились новые персонажи — жестокие, эгоистичные, агрессивные подростки (и мальчики, и девочки), которые не только отвергают авторитет старшего поколения, но и представляют для взрослых непосредственную угрозу [Klimova 2013: 305; Beumers 2009a: 202–204][32]. Главная героиня «Маленькой Веры» Василия Пичула стала символом слабеющей цензуры в последние годы СССР. Именно ее обнаженная грудь в той самой — невероятно вызывающей по советским стандартам — сцене секса положила конец десятилетиям официально навязываемой благопристойности[33].

Однако призрак подростковой женской сексуальности начал беспокоить советское общество задолго до того, как публику потрясла откровенная сексуальность «Маленькой Веры». В ранние послереволюционные годы образовательная система СССР была нацелена на создание идеального, гендерно-нейтрального советского гражданина. Однако к 30-м годам партия и образовательные структуры уже обнаружили ряд гендерно-специфичных проблем, характерных именно для девочек-подростков. Девушки были особенно уязвимы перед своей физической природой, из-за которой они могли отвлечься от своей главной цели — строительства социализма. Высшее руководство опасалось, что подростковую сексуальность в целом и женскую в частности не

---

[32] Яркое изображение того, насколько опасными для взрослых могут быть подростки, представлено в фильме Эльдара Рязанова «Дорогая Елена Сергеевна» (1988), где тинейджеры всю ночь удерживают учительницу в ее собственной квартире, чтобы она исправила им оценки.

[33] В качестве «первого фильма, рассказывающего о тайной жизни российских подростков, который завоевал международное признание», «Маленькая Вера» значительно повлиял на кинематографическое изображение молодежи в других социалистических и постсоциалистических странах. См. [Imre 2007: 78].

удастся поставить на службу государству. Это послужило причиной введения различных превентивных мер, и советская воспитательная система вернулась к тем же стереотипным гендерным ролям, которые ранее пыталась преодолеть. В 1943–1954 годах, в ответ на беспокойство по поводу «трудностей девочек», эксперимент с совместным обучением был поставлен на паузу, и школьники в городских районах были разделены по половому признаку [Livschiz 2008: 398]. В то время как мальчиков поощряли выплескивать энергию через физическую активность, девочек записывали на внеклассные занятия, предполагающие стирку, приготовление пищи и уход за детьми, — занятия, которые подготавливали их к их гендерированному будущему. От учителей требовалось следить не только за успеваемостью, но и за моральным развитием своих подопечных: для девочек это означало сохранение их женской добродетели. Но и после окончания эксперимента по раздельному обучению учителям и другим официальным лицам полагалось сохранять бдительность по поводу любых дружеских отношений между мальчиками и девочками [Ibid.: 410][34].

Проблема чести юных девушек продолжала беспокоить советское общество. Особенно остро она зазвучала во время Великой Отечественной войны и в послевоенные годы в рассказах о предполагаемых контактах советских девушек и фашистских солдат. Одним из самых ярких моментов моральной паники такого рода стал упомянутый выше Московский фестиваль молодежи и студентов 1957 года, когда ходили слухи, что «распущенных девиц» — имеющих сексуальные контакты с иностранцами — якобы брили налысо и подвергали другим театральным наказаниям. Рассказывалось о том, как некоторых таких девушек даже высылали из Москвы в отдаленные уголки Советского Союза. Причем официальный гнев распространялся исключительно на контакты советских девушек с иностранцами; связь советского юноши с иностранкой подобной реакции не вызывала. В 1964 году со-

---

[34] Как пишет Анита Харрис, «школа всегда были местом формирования нормативной феминности и "порядочных" девушек». См. [Harris An. 2004: 98].

ветские ученые официально «решили» проблему подростковой женской сексуальности — они заявили, что ее не существует. Министерство здравоохранения СССР провело исследование, которое якобы доказало, что девушки начинают испытывать сексуальное желание не раньше 22 лет. Таким образом, все следы нерепродуктивной сексуальности у девушек-подростков были уничтожены — по крайней мере, в официальном советском дискурсе [Roth-Ey 2004: 83, 88].

Героическая маскулинность

Но советский период также был отмечен беспокойством по поводу мальчиков — их гендера и общего развития. Для нескольких поколений советских мальчиков идеал подростковой маскулинности воплощали герои Гайдара — прежде всего, персонажи повести «Тимур и его команда» (1940) и одноименного популярного фильма, вышедшего на экраны в том же году. Качества, которые демонстрирует 12-летний Тимур, — альтруизм, стоицизм, умение вести за собой и прежде всего приверженность к коллективу — стали целью для всех советских мальчишек. Несмотря на свой юный возраст, Тимур отважно берет на себя ответственность за благополучие всех, кто живет в его деревне. Он честно руководит своей командой, которая платит ему верностью и непоколебимым уважением. Всеми своими действиями Тимур рвется навстречу взрослости — и это ярко иллюстрирует, как советская культура исключала подростковый возраст из репрезентации. В биологическом смысле Тимур еще мальчик, но его действия, слова и качества соответствуют требованиям героической маскулинности. Когда у власти такие «мужчины», как он, советские граждане могут спать спокойно [Рудова 2014б: 89–90; Гайдар 1965].

Однако после Второй мировой войны возникли серьезные опасения относительно героической маскулинности советских подростков. Многие советские чиновники опасались, что серьезное присутствие женщин в рядах вооруженных сил во время войны, а также катастрофические потери среди мужчин размывали и ослабляли маскулинность. Отчасти именно этим объясняется решение отменить совместное школьное обучение, принятое в 1943 году. Вопрос того, как именно осуществлять социализацию мальчиков-подростков, беспокоил и образовательные структуры, и другие органы власти. В послевоенном СССР военную сферу объявили исключительно мужской, а мальчиков учили почтению к солдатам. Так, к концу войны в 1945 году была открыта целая сеть военных школ; в отличие от других социалистических образовательных учреждений, в них полностью отсутствовала привычная фигура женщины-«матери». Это была маскулинизированная семья, в которой мальчики готовились к будущему, не испорченному феминностью [Fraser 2019: 53, 57].

Кино и литература также играли важнейшую роль в поддержке маскулинности. Усиленно продвигались среди молодых читателей сказки о героизме и славе (как, например, «Молодая гвардия»), воссоздававшие романтику баталий в мирное время. В рассказе Ивана Стаднюка «Максим Перепелица» (1952) и в одноименной киноверсии (1955) показывается, как самовлюбленные, ни к чему не годные подростки в армии превращаются в «настоящих мужчин» [Fraser 2019: 68; Стаднюк 1956]. Многие авторы также старались вывести из военной сферы аспект феминности, проникший туда в чрезвычайных обстоятельствах Второй мировой войны. Это хорошо видно на примере сцены из фильма «Солдат Иван Бровкин» (1955) — еще одной комедийной вариации на ту же тему, где главный герой, такой же беспутный молодой человек, как Максим, в конце концов принимает военную маскулинность и тем самым становится мужчиной. Сцена, в которой Иван, готовясь к военной службе, состригает свои длинные светлые кудри — «визуальное воплощение его привлекательности, слабости и женственности», — ярко передает идею уничтожения всех следов нежелательной феминности [Fraser 2019: 70][35]. Подростковый миф, сложившийся в послевоенном Советском Союзе и усиленный при помощи культурных и прочих институтов, удачно описывают как «поиск героических моделей

---

[35] Более подробное рассуждение об обоих фильмах см. в [Fraser 2019: 68–70].

поведения в период относительного мира» [Wakamiya 2008: 113]. Опасения относительно зачаточной мужественности у мальчиков-подростков и вопросы того, как наилучшим образом обеспечить их развитие, сыграли значительную роль в формировании этого мифа.

После падения

Когда в 1991 году Советскому Союзу пришел конец, появилась новая, откровенно воинственная форма подростковой маскулинности: банды, своеобразные уличные братства молодых воинов, резко набиравшие силу на фоне ослабления социально-юридических институтов в 90-е годы. Таких молодых людей объединяла вера в эффективность стратегии насилия: «Насилием можно добиться всего, что хочешь <...> Все в нашем мире строится на насилии», — заявляет участник одной из подобных банд [Stephenson 2015: 4, 221]. Поскольку эти подростки вырастают в «настоящих мужчин» на улицах, их переход к взрослой жизни часто подразумевает двойную жизнь: они стремятся к успеху и в законной области, и в преступной жизни. Уличная банда, с ее языком и нормами поведения, перестает быть маргинальным феноменом и проникает в основной поток российской культуры. Яростная маскулинность, которую по сей день продолжают воспевать и в популярной культуре, и в политике, по крайней мере частично берет свое начало именно отсюда, из характерных для мальчиков-подростков реальных и символических практик, царивших в 90-е годы на российских улицах [Ibid.: 234].

Конец Советского Союза также подразумевал глубинные изменения как подростковых сексуальных практик, так и культурной репрезентации подросткового тела. Российский сексолог Игорь Кон сравнивает трансформацию сексуального поведения подростков постсоветской России 90-х годов с сексуальной революцией, произошедшей в западных странах в 60-е. В частности, его исследование демонстрирует резкое поведенческое изменение, произошедшее между 1993–1995 годами: в первую очередь, снижение возраста первого сексуального контакта как среди девушек, так и среди юношей. На фоне коллапса социальных институтов, советской традиции замалчивания, распространявшейся на все вопросы секса, и подъема преступности эта «революция» повлекла за собой опасные для общественного здоровья последствия — в частности, резкий всплеск заболеваемости венерическими инфекциями, такими как ВИЧ и сифилис. Консервативно настроенные религиозные и националистические организации ухватились за эти негативные индикаторы как за свидетельство падения нравов. Начался «антисексуальный крестовый поход», целью которого было предотвратить попытки ввести занятия по половому воспитанию в школах и защитить традиционные ценности [Kon 2005: 111–113]. Очевидно возвращение парадигмы «молодежь как жертва Запада». Постсоветского подростка, как и его советского предшественника, считали уязвимым перед растлевающим влиянием из-за границы. Популярные психиатры в своих работах объясняли российской молодежи, как не стать жертвой гомосексуальности, которую описывали как нездоровое модное поветрие, позаимствованное с Запада [Baer 2014: 434][36]. Эта точка зрения идеально сформулирована в обращении к подросткам, опубликованном от имени Патриархата. Автор видит современного российского подростка как символическое поле боя:

> Враги России в течение сотен лет пытались завоевать нашу родную землю с помощью огня и меча <...>. Теперь вместо оружия наш народ хотят уничтожить с помощью разврата, порнографии, наркотиков, табака и водки — тем же способом, каким их предки уничтожили американских индейцев[37].

Таким образом, холодная война закончилась, но российская молодежь все так же оказывается подвержена воздействию пагубного западного контента в рамках более широкого политиче-

---

[36] В 2013 году был опубликован первый роман для российских подростков, где герой открыто сталкивался с вопросом сексуальной ориентации, — «Шутовской колпак» Дарьи Вильке. См. [Вильке 2013].

[37] Цит. по: [Kon 2005: 120].

ского противостояния. Келли предполагает, что сам англицизм «тинейджер» могут чаще использовать в обсуждении социальных проблем, связанных с подростками, — таких, как злоупотребление наркотиками или алкоголем, — чтобы еще раз подчеркнуть связь между Западом и развращением молодежи, существующую в российской культуре [Kelly 2016: 34].

Крах Советского Союза также означал полное уничтожение цензуры, когда на российский рынок хлынула волна откровенного и жестокого контента. Даже если в чисто количественном смысле число героев-подростков в российском кино 90-х стремится к нулю, именно о молодом человеке рассказывает самый легендарный фильм той эпохи — культовый «Брат» (реж. А. Балабанов)[38]. Главному герою, Даниле Багрову (его сыграл Сергей Бодров — младший, проснувшийся после выхода фильма звездой), в начале сюжета, скорее всего, около двадцати. Тем не менее в его образе сводятся воедино несколько лейтмотивов, характерных для российского мифа о подростке. Несмотря на свою мальчишескую внешность, Данила уже успел отслужить стране в качестве военного. Сам он утверждает, что сидел в штабе писарем, но его высокоразвитые навыки стрельбы и изготовления взрывчатки свидетельствуют о другом виде службы, что напоминает о характерной символической связи между юностью, насилием и самопожертвованием. Балабанов представляет своего героя в крайне неоднозначном свете: с одной стороны, Данила убивает по собственному этическому кодексу, защищая слабых и наказывая тех хладнокровных, жестоких головорезов, которые наводнили Россию в 90-е годы. Персонаж Бодрова, с его простоватостью и смущенной улыбкой, вызывает у зрителя симпатию. Но с другой стороны, он постоянно, почти инстинктивно прибегает к насилию. К концу фильма на его счету накапливается впечатляющее количество убийств. Тем не менее Данила Багров — и в «Брате», и в «Брате-2» — стал образцовым героем 90-х, и его

---

[38] Об уменьшении числа юных героев см. [Klimova 2013: 308]. См. также фильм «Брат» (2000). О волне сексуализированного и жестокого контента, захлестнувшей российский рынок в 90-е годы, см. [Borenstein 2008].

образ пользовался огромной популярностью у российской аудитории, в особенности подростковой. Как написал о «Брате-2» один 18-летний студент ВГИКа, Данила предстал чем-то вроде путеводной звезды, бастиона порядка среди хаоса 90-х, когда рухнула какая бы то ни было социальная, политическая и культурная стабильность: «Как мы жили без брата раньше — совершенно непонятно. Кажется, он был всегда. Это просто мы заблудились, не по той тропинке пошли. Но с братом можно больше ничего не бояться, он нам верную дорогу точно укажет»[39]. Непростые вопросы о последствиях, вызванных тем, что российская молодежь получила право на насилие, звучат и в фильме Балабанова, и в других текстах, о которых пойдет речь в настоящей книге[40].

Кроме того, «Брат» также активирует тезис о «молодежи как жертве западного влияния». Однако главный герой полностью его опровергает. В своих блужданиях по Санкт-Петербургу, испещренному рекламой западных товаров, Данила слушает исключительно российскую группу «Наутилус Помпилиус»; американская популярная культура не имеет над ним ни малейшей власти. Ближе к концу фильма Балабанов делает монтаж: вот Данила стоит в тени желтых арок питерского «Макдональдса», а вот он уже бредет через стереотипно русский заснеженный пейзаж. Невозможно неправильно интерпретировать эту символику. Данила неуязвим перед тлетворным влиянием Запада — тем самым он нейтрализует одну из самых угрожающих фантазий

---

[39] Цит. по: [Norris 2012: 9–10].

[40] До своей гибели в 2002 году Сергей Бодров — младший исследовал эту тему в своем режиссерском дебюте — фильме «Сестры» (2001). Одна из главных героинь, 13-летняя Света, умеет отлично стрелять. Когда враги ее отчима-бандита открывают охоту на нее и ее младшую сестру, девочки выживают именно благодаря стрелковым навыкам Светы. Бодров рисует явный моральный контраст между подростком — и жестоким, развращенным миром взрослых. В конце фильма Света остается в России, хотя ее мать и отчим уезжают на Запад. Возникает чувство, что постсоветской России еще пригодятся девочки, умеющие стрелять, и зритель задается вопросом, не суждено ли ей стать еще одной «праведной» убийцей в духе Данилы Багрова.

о подростке, характерных для российской культуры. Возможно, это частично объясняет, почему фильм имел такое влияние на российского зрителя.

Маленькие женщины

С изменением культурной сферы в годы после распада СССР на экранах и страницах появляются изображения сексуальности, которые раньше нельзя было и вообразить, но и гендерные различия также становятся конкретнее. В начале 90-х в СМИ разворачивается дискуссия о необходимости вернуться к якобы естественным ролям мужчины и женщины, что может быть понято как реакция на гендерное равенство, на котором настаивало советское государство. Эти дискуссии ширятся до дебатов о воспитании детей, причем часто озвучивается идея, что девочек и мальчиков необходимо растить по-разному. Природе в этом смысле доверять нельзя: напротив, родители должны предоставить своим детям правильные стимулы и ролевые модели, чтобы те могли развиваться в соответствии со своими гендерными ролями. Это беспокойство чувствуется в серии интервью, взятых в середине 90-х годов у матерей-одиночек. Все они выражают страх, что не смогут самостоятельно воспитать «настоящих мужчин» [Кей 2004: 155, 157].

В книгах с советами для девочек, публиковавшихся с конца 80-х вплоть до путинской эпохи, также заметно желание провести четкие гендерные различия и возвести женственность в абсолют. Мы видим эволюцию от советской модели, ставившей в приоритет здоровье, гигиену и интеллектуальное развитие девочки, к модели постсоветской, настаивающей прежде всего на физической красоте. Российский рынок оказался наводнен косметикой и одеждой, а также недоступными прежде западными женскими журналами, и подростки с готовностью обратились ко всем этим товарам [Lanoux 2014: 406–407; Goscilo 2014: 350]. Здесь мы опять видим, как идея установления и защиты всего русского сталкивается с телесностью девочек-подростков. В контексте общей неприязни к феминизму сверхженственность становится «культурным знаком, ассоциирующимся с русскостью». Девушек учат заботиться о своей внешности и тем самым показывать, что они действительно русские [Lanoux 2014: 426]. Таким образом, «телеология женственности», которую в последнее время исследуют американские поэтессы, по-прежнему довлеет над девушками в современной России. По словам Хелены Гошило, как и в советские времена, «девочки — это по-прежнему "маленькие женщины", планирующие свое будущее, в котором, несмотря на постсоветский переход к консюмеризму, индивидуализму и эстетике, доминирует гетеросексуальная нормативность, воплощенная в браке и социальном принятии» [Goscilo 2014: 353].

В то же время в художественных изображениях мальчиков-подростков чувствуется беспокойство о недостатке маскулинности. Особенно ярко эта черта проступает в повести Анны Старобинец «Переходный возраст», о которой речь пойдет в главе 2, и в нескольких пьесах, рассматриваемых в главе 3. Советское наследие, связывающее мальчишество с воинственной маскулинностью, по-прежнему никуда не делось. Например, в честь годовщины смерти изобретателя автомата Калашникова Министерство образования распространило инструкции для обучения детей сборке и разборке этого вида вооружения в попытке привить им патриотизм[41]. Президент Путин проецирует сверхмаскулинный образ, используя мачизм как стратегию политической легитимизации [Sperling 2014: 3]. Если мальчиков и девочек необходимо воспитывать в рамках строгих гендерных идеалов, то Путин представляет собой непоколебимо маскулинную (и мускулистую) ролевую модель. Иронично, что за некоторыми проявлениями его маскулинности, равно как и за его политическими решениями, такими как аннексия Крыма, может стоять «пацанская логика» банд 90-х годов[42]. Постсоветские писатели, драматурги

---

[41] См. материал Софии Энкел «Russian Children Will Be Taught How to Assemble AK-47s as Part of Patriotism Lessons in Schools», опубликованный 31 октября 2019 года в «Business Insider» (URL: https://www.businessinsider.com/russian-students-taught-how-to-assemble-ak47s-inthemed-lessons-2019-10).

[42] Цитата политического журналиста Станислава Белковского. Цит. по: [Stephenson 2015: 228].

и кинематографисты различными способами возражают против этого наследия воинственной маскулинности, рассматривают его с разных сторон и часто видят в нем причину личного и общественного краха.

В современных книгах и фильмах также представлен гораздо более широкий спектр главных героев, чем это было возможно в советские времена. В их число входят мальчики с физическими или когнитивными особенностями. Так, в автобиографической книге Рубена Давида Гонсалеса Галлего «Белое на черном», выигравшей в 2003 году премию «Русский Букер», рассказывается о том, как он, сирота с тяжелой формой инвалидности, рос в жестоких и бесчеловечных условиях советских интернатов. В 2010 году в шорт-лист «Букера» вошел огромный фантастический роман-бестселлер Мариам Петросян «Дом, в котором...», главные герои которого также являются подростками, живущими в интернате для детей с особенностями развития. В другом горячо принятом критиками бестселлере, «Нефтяной Венере» Александра Снегирева (2008), речь идет о непростых отношениях между отцом и 15-летним сыном с синдромом Дауна [Гальего 2005; Петросян 2015; Снегирев 2016][43]. Большое внимание аудитории привлек и документальный фильм «Антон тут рядом» (2012, реж. Л. Аркус) о 15-летнем аутичном мальчике.

Однако даже в самых новаторских работах — например, в рассказе Екатерины Мурашовой «Класс коррекции» (2004), где рассказывается о петербургских подростках из класса специального обучения, — все равно сохраняется довольно традиционное понимание гендера[44]. Как пишет Лариса Рудова, в произведениях

---

[43] О романе Петросян в контексте общих изменений российской культуры в XXI веке, включая изображение детей и подростков, см. [Лебедушкина 2010].

[44] См. [Мурашова 2007]. В 2014 году повесть была экранизирована, и режиссером фильма выступил Иван Твердовский. Вместо 12-летнего мальчика место главного героя заняла 16-летняя девочка — тоже передвигающаяся на инвалидной коляске, — что позволило добавить в фильм тему зарождающейся сексуальности, которая отсутствовала в оригинальной книге. Это единственное изображение субъективности подростка-инвалида в российском кинематографе.

Мурашовой чувствуется ностальгия по подростковому мальчишескому коллективу, такому, какой мог бы описать Аркадий Гайдар. И даже если в постсоветской версии таких коллективов появляются нетрадиционные персонажи вроде мальчика в инвалидном кресле, мы все равно видим воспроизведение строгой гендерной бинарности, в которой девочкам по-прежнему отводится второстепенная роль. Даже ненормативная подростковая маскулинность все равно противопоставляется очень традиционному представлению о феминности [Рудова 2014a][45].

Структура этой книги

В этой книге исследуется советское наследие, объединяющее подростковый возраст с насилием, героизмом и самопожертвованием, а также темпоральные и гендерные контуры этой связи. Повесть Светланы Василенко «Дурочка» (1998) и фильм Анны Меликян «Русалка» (2007) — две работы, подробно проанализированные в главе 1, — предлагают провокационный материал для понимания того, каким образом эти элементы резонируют с постсоветской Россией. Хотя изначально в СССР героизм — и подростковый, и взрослый — был уделом мужчин, во время Второй мировой войны женщины тоже начали входить в этот советский пантеон. Самой известной из них стала 18-летняя Зоя Космодемьянская, девушка-мученица, чья отвага перед лицом пыток и смерти стала источником вдохновения для бесчисленного множества художников. В главе 1 мы рассмотрим, как образ подростка-мученика, нашедший идеальное воплощение в фигуре Зои, преломляется в двух современных произведениях, одном литературном и одном кинематографическом. В обоих этих текстах сначала возникает отсылка к Зое, но, несмотря на это, авторы в конце концов отделяют образ героического подростка от идеи советскости, с соответствую-

---

[45] Ярким исключением служит захватывающий, мрачный и смешной роман Анны Козловой «F20» о девушке, сражающейся с шизофренией. См. [Козлова 2017].

щим комплексом насилия, военизированности и идеологии. В этой уникальной постсоветской вариации на тему «влюбленности в подростковость» культурные репрезентации девочек-подростков (в обоих случаях бросающих вызов доминирующим гендерным идеалам своих исторических контекстов) призваны спасти с прошлым, а не защитить будущее.

Если в этих двух произведениях мы видим возвращение к модели подростка-мученика, то книги и фильмы, проанализированные в главе 2, возвещают неотвратимость связи между молодостью и самопожертвованием. Когда к образу «благородного подростка» добавляется насилие, в результате возникает моральная двусмысленность, которой успешно избежали и Василенко, и Меликян. Эта глава демонстрирует пугающий аспект постсоветских фантазий о подростковом возрасте: главные герои внушают страх, ужас или отвращение. В повести Анны Старобинец «Переходный возраст» (2005) в теле мальчика-подростка поселяется колония муравьев, и он вынужден совершать ужасающие преступления ради своей «королевы». Здесь я вижу переработку мифа о героическом подростке, но в жанре ужаса. Тело подростка, по Старобинец, подлежит использованию, а после — уничтожению, как биологические отходы, но не помещению в символический пантеон рядом с советскими героями типа Зои. В фильме Марины Любаковой «Жестокость» (2007) взрослая женщина видит в девочке-подростке свою спасительницу. В отличие от работ, проанализированных в главе 1, в «Жестокости» эта идея оборачивается ложной — и попытка увидеть в девочке источник смысла и искренности несет за собой ужасные последствия. Наконец, я рассматриваю фильм К. Серебренникова «Ученик» и легшую в его основу пьесу. И в фильме, и в пьесе главный герой — цитирующий Писание подросток — претендует на то же трансцендентное, иконическое пространство, которое в кульминационный момент своего сюжета занимают героини главы 1. Вместо демилитаризации подросткового героизма Серебренников прослеживает путь своего персонажа к убийству. Провозглашая падение советского подростка-героя, авторы этих произведений видят в тинейджере воплощение множественных страхов — от нестабильности и уязвимости человеческого тела до преобладания материалистических ценностей и культуры потребления до исчезновения морального кодекса. «Влюбленность в подростковость» Леско здесь принимает форму кошмара. Такая пугающая трансформация, в свою очередь, представляет в весьма пессимистичном свете надежды на социальное обновление, пробудившиеся с крахом Советского Союза.

В третьей главе я обращаюсь к пьесам трех молодых российских драматургов XXI века: Василия Сигарева, Юрия Клавдиева и Ярославы Пулинович. Несмотря на все стилистические различия, этих авторов, равно как и их упомянутых выше коллег, интересует связь подросткового возраста, насилия, фантазий и героизма. Если авторы, рассматриваемые в главе 2, убирают из этого уравнения героизм, то Сигарев, Клавдиев и Пулинович возвращают его. Вместо того чтобы создать новый образ юного героя, лишенного жестокости, как в главе 1, каждый из этих трех драматургов разрабатывает собственный подростковый хронотоп, где насилие создает новую телеологию и подталкивает к избыточным проявлениям героизма.

В пьесе Сигарева «Пластилин» (2000) одинокий 13-летний мальчик-сирота пытается сбежать от своей мрачной действительности в мир пластилиновых фигурок — и в итоге превращает их в орудие самоутверждения и мести. Главный герой «Собирателя пуль» (2004) Клавдиева — мальчик-подросток, вынужденный выживать в жестоком, распадающемся мире, полном преступников и убийц, — тоже подробно фантазирует о мести. В отличие от протагониста Сигарева, герой Клавдиева успешно реализует свои мифотворческие фантазии в реальной жизни, превращаясь в агрессора и занимая верхнее звено в социальной иерархии пьесы. Последняя работа, которую я рассматриваю, — «Наташина мечта» Пулинович — исследует внутренний мир 16-летней Наташи, которая тоже пытается реализовать содержимое своего воображения, и это решение подобным же образом превращает ее из жертвы в преследовательницу. В Наташиных мечтах, однако, ощущается влияние современных российских книг с советами для девочек, где идея самостоятельности и активности соседствует с помешательством на физической красоте. Во всех трех пьесах рассказывается предыстория насилия — которое таким образом становится неизбежным. Авторы изображают, как оно, переплетаясь с фантазиями, подчиняет себе воображение молодежи. Демонстрируя трагические последствия такого подчинения, они в определенном смысле выступают против официальных проектов российского правительства, таких как Юнармия, пытающихся укрепить связь между молодыми россиянами и государством за счет ровно этой же самой комбинации агрессии и воображения.

В главе 4 я анализирую противоречивый телесериал, выпущенный на государственном телевидении в 2010 году, — настолько скандальный, что сам президент Путин потребовал от российской публики не впадать в «истерику». Действие «Школы» (реж. В. Гай Германика) происходит в Москве, где на протяжении нескольких месяцев мы наблюдаем за жизнью старшеклассников и их учителей. Я отдельно остановлюсь на хронотопе, соединении времени и места, которые Гай Германика и ее команда прорабатывают на протяжении 69 эпизодов, — и на том, как сериал бросает вызов примату «паноптического времени» Леско. Межличностная динамика в «Школе» отражает текучесть возрастных категорий вне привычных определений «тинейджера» и «взрослого». Сериал как будто задает нам вопрос: где кончается подростковый возраст и начинается взрослость? От темпоральности «Школы» я перехожу к тем пространствам, в которых обитают герои-подростки, и подробно рассказываю о том, как они еще больше оспаривают возможность прогресса. Юные протагонисты «Школы» сталкиваются с тем, что я называю хронотопической дилеммой: их преследуют останки советской материальности, в то время как атрибуты посткоммунистического, консюмеристского общества, о которых мечтают эти подростки, для большинства остаются недосягаемыми. Они блуждают по лабиринту стагнирующих пространств, призывая к жизни советское прошлое — мертвое общество, чьи призраки до сих пор не нашли покоя, — и это вступает в резкий конфликт с императивом развития и прогресса. И хотя на сериал обрушилось немало критики за откровенное изображение подростковой сексуальности, пьянства и других пороков, «Школа», в сущности, отстаивает довольно традиционные, гуманистические ценности. Поселив своих героев в сложной темпоральности, Гай Германика тем не менее заново утверждает идею желаемого развития в соответствии с концепцией «паноптического времени».

В заключении мы поговорим о том, как СМИ в России пишут о современном подростке-борце — шведской экоактивистке Грете Тунберг. Многие российские обозреватели реагируют на эту девушку очень резко, называют ее лжепророком и предсказывают волну насилия среди ее заблуждающихся юных последователей. Из такой эмоциональной реакции — равно как и из текстов произведений, рассматриваемых в настоящей книге, — можно сделать вывод, что «влюбленность в подростковость», убеждение в способности тинейджеров укрепить или расшатать общество, по-прежнему сохраняется в России XXI века. Фигура подростка занимает важное положение в одной из самых соблазнительных «идеализирующих картин» (по выражению Берлант) постсоветской культуры — и постоянно подпитывает мечтания, надежды и страхи общества.

Глава 1
Призрак подростка прошлого

В финале сатирического романа Виктора Пелевина (р. 1962) «Омон Ра», описывающего последние годы Советского Союза, молодой герой выбирается из недр московского метро, где ему едва удалось избежать вынужденного героизма и мученичества. Омон с детства мечтал прикоснуться к звездам, вступив в ряды самых прославленных образчиков советской маскулинности: космонавтов. На протяжении сюжета мы видим, как Омон сталкивается с нелепой реальностью советской космической программы: все — обман, прогулки в космосе и посадка на луну были на самом деле сняты в студии, спрятанной глубоко в московской подземке. Подростков рекрутируют в «братство космонавтов» и обещают героические подвиги: им предстоит сыграть свою простую роль и, как положено, покончить с собой [Fraser 2019][1]. Космическая программа должна доказать технологическое превосходство СССР над Западом, узнает Омон, а следовательно, многим мальчикам предстоит умереть. Великая истина марксизма сможет победить лишь путем обмана, ради чего Омону и его юным собратьям придется пожертвовать собой [Пелевин 2001: 51][2].

---

[1]   См. более раннюю версию этой главы в [Kaminer 2019].

[2]   См. исследование «трансцендентальных коннотаций», с которыми у советских детей в 60-е годы ассоциировались космические полеты и космонавты, в [Banerjee 2008: 67–90].

Пелевин в яркой и абсурдной форме демонстрирует советский хронотоп насилия и милитаризации: офицер заявляет молодым космонавтам, что они живут в «довоенный период», из чего следует, что ранее они жили в «послевоенный период». Иными словами, война служит фокальной точкой, организующим принципом их существования; время ходит по кругу и насилие неизбежно.

Сам Пелевин назвал эту свою книгу историей взросления, а не сатирой[3]. В контексте современной американской литературы Кеннет Миллард связывает наступление совершеннолетия с обретением исторического знания, и этому определению вполне соответствует постепенное прозрение Омона, выясняющего, что за ужасы скрываются за героическим фасадом советской космической программы [Millard 2007: 10]. В отличие от множества погибших мальчиков, предшествующих ему, Омону не удается покончить с собой. Его выживание предвещает гибель общества, построенного на жертвоприношении подростков. Отказавшись играть свою роль, Омон разрывает циркулярный хронотоп бесконечного насилия. Завершающий образ романа — Омон рассматривает линейную схему московского метро — еще больше подчеркивает идею разрывания круга [Пелевин 2001: 175]. Роман Пелевина был написан в 1990 году, в последние дни Советского Союза, и есть соблазн увидеть в нем оптимистическое обещание о том, что из пепла СССР восстанет новое, глубоко преобразившееся общество.

В этой главе я внимательно анализирую два произведения современной российской культуры, одну книгу и один фильм, которые пробуждают надежду на то, что подростки и российское общество в целом будут избавлены от насилия. Однако же важно отметить, что протагонистами обеих работ являются женщины, — это связано с разными направлениями развития советского героизма. Во время Второй мировой войны и после нее женщинам было дозволено вступить в пантеон

---

[3] См. интервью с В. Пелевиным, опубликованное в журнале «Bomb» (URL: https://bombmagazine.org/articles/victor-pelevin/).

советских святых, и самой знаменитой из них стала 18-летняя Зоя Космодемьянская[4]. Храбрость этой советской Жанны д'Арк вдохновила бессчетное количество художников[5]. По словам Марии Тумаркин, история Зои заложила основу того, что она называет «советским некропедагогическим проектом», где «смерть порождает не только особые виды субъектности, но и само гражданство» [Tumarkin M. 2011: 886–887][6]. Юлия Минкова тоже описывает Зою как одну из ключевых советских «священных жертв», чья благородная смерть вдохновила «жертвенную мифологию», неразрывно связанную со стремлением государства «установить трансцендентные ценности и поддерживать патриотизм» [Minkova 2018: 14, 2][7]. Пример

---

[4] Как отмечает Юлиана Фюрст, женщины доблестно сражались в Гражданской войне и принимали активное участие в других ключевых событиях ранней советской истории, но в последующем их заслонили более знаменитые герои-мужчины, такие как Василий Чапаев и Алексей Стаханов. См. [Fuerst 2000: 73].

[5] Вот как выглядит официальная биография Зои в пересказе Адриенн Харрис: «Зоя <...> выросла в Тимирязевском районе Москвы. В 18 лет <она> откликнулась на призыв комсомола стать бойцом-партизаном... и принялась действовать в качестве диверсанта в тылу врага в окрестностях Москвы. Она была схвачена при попытке поджечь амбар в селе Петрищево. Ее жестоко пытали и несколько часов водили по снегу босой и раздетой, но она отказалась выдать какую-либо информацию о своей миссии и вместо этого обратилась с пламенной речью к жителям села, которые 29 ноября 1941 года собрались посмотреть на ее казнь. <...> Еще месяц ее тело висело на площади — возможно, как предупреждение. В новогоднюю ночь пьяные фашисты истыкали его штыками и отрезали левую грудь, и на следующий день Зою наконец похоронили. Несколько недель спустя, когда эта территория была освобождена, в деревню приехал корреспондент "Правды" Петр Лидов, и ему рассказали о судьбе Зои». См. [Harris Ad. 2011: 277]. После распада СССР открылся доступ к новым источникам информации, и на биографию Зои взглянули иначе (как это случилось с Павликом Морозовым). См. подробнее в [Harris Ad. 2011: 287–290].

[6] Тумаркин заимствует выражение «некропедагогика» у Анн Пеллигрини в [Pelligrini 2008: 97–105].

[7] В основу мифа о Зое легла книга «Повесть о Зое и Шуре», написанная их матерью Любовью Космодемьянской в 1951 году при поддержке профессиональной писательницы Фриды Вигдоровой. Зоя и ее брат Шура, тоже погибший

погибшей девушки-подростка помогал внедрять и укреплять советские ценности[8].

Возвысив Зою и других девушек до уровня героинь, советская культура подчинила себе иконографию и символику русского православия и заговорила на одном языке с народом, почитавшим святых веками [Tumarkin N. 1994: 77]. В первой же статье о Зое, опубликованной корреспондентом «Правды» Петром Лидовым в 1941 году, уже прослеживаются необходимые агиографические элементы — например, выразительная фотография ее изуродованного тела, — обеспечивающие Зое центральное место в пантеоне советских святых [Harris Ad. 2011: 277]. В своих литературных, кинематографических и прочих воплощениях Зоя и другие юные героини умирают жестокой и страшной смертью, жертвуя свое тело ради победы благородного советского народа и Сталина, его праведного вождя. Часто говорится, что от них исходит «сверхчеловеческое сияние», подчеркивающее связь с областью божественного [Tippner 2014: 382, 383][9]. Чтобы сделать их смерть понятной для массовой аудитории, в репрезентацию советских девушек-мучениц в атеистическом государстве добавляют сакральные элементы. Границы между светским и духовным размываются все больше, и в какой-то момент РПЦ даже предложила канонизировать Зою, хотя та и умерла предположительно с именем Сталина на устах [Tippner 2014: 372; Harris Ad. 2011: 298].

В двух современных российских произведениях снова всплывает образ девочки-подростка, пересекающей грань между се-

---

в бою, изображаются как идеальные дети, выросшие в политически сознательной семье, что закладывает основу для их будущей жертвы во время войны. См. [Космодемьянская, Вигдорова 1951]. См. также [Kelly 2005: 185–187].

8   Новое поколение российских зрителей узнало о культе мертвых героев-подростков из российско-японского аниме «Первый отряд». По сюжету группа погибших тинейджеров, которых вызывает из мира мертвых 14-летняя Надя, играет решающую роль в победе над нацистами во время Второй мировой войны. Юные герои «Первого отряда» появляются во множестве других жанров и форматов, и российские подростки XXI века занимаются косплеем Нади и ее товарищей. См. [Маслинская 2011: 254–265].

9   Другими знаменитыми девочками-мученицами были Зина Портнова, Лиза Чайкина и Ина Константинова. См. подробнее [Tippner 2014].

кулярным и сакральным: я имею в виду рассказ Светланы Василенко «Дурочка» (1998) и фильм Анны Меликян «Русалка» (2007). Они созданы в очень разное время: текст Василенко был напечатан в 90-е, в эпоху ельцинской экономико-социальной нестабильности, а фильм Меликян вышел на экраны, когда Путин был избран на второй срок и в России царило сравнительное благополучие, обеспеченное нефтедолларом [Hemment 2015: 29]. Тем не менее и Василенко, и Меликян обращаются к мифу о советской девушке-мученице — идеально воплощенной в Зое, «архитексте для всех изображений девушек-героинь» Советского Союза, — чтобы отделить идею героического подростка от идеи советскости, с ее неотъемлемой жестокостью, милитаризированностью и идеологией [Tippner 2014: 371]. Описывая девочек, владеющих невероятными способностями, Василенко и Меликян изображают нового подростка-спасителя, обнажающего аморальность и коррумпированность (помимо прочих пороков) советского и постсоветского общества соответственно. «Дурочку» и «Русалку» можно поместить в контекст других недавних российских произведений, тоже обращающихся к советской молодежной культуре в поисках элементов, которые можно сохранить для постсоветского настоящего. Однако их отличает особая манера того, как именно они обращаются к советским святым, чтобы заменить их тем самым священным наполнением, которое СССР старался уничтожить. Таким образом они одновременно заглядывают еще глубже в прошлое в поисках уцелевших ценностей и моделей дореволюционного прошлого, в котором видят более чистый и продуктивный источник идеалов для XXI века.

Демилитаризация героической девочки-подростка

Светлану Василенко (р. 1956), основавшую в конце 80-х феминистский литературный кружок «Новые амазонки», называли «одной из самых интересных писательниц перестроечной и постперестроечной литературы». Она по-прежнему пользуется значительным вниманием критиков [Sorvari 2018:

281]¹⁰. Ее повесть «Дурочка» была номинирована на «Русский Букер» и провозглашена лучшей публикацией 1998 года по версии журнала «Новый мир». Это был самый бурный год первого постсоветского десятилетия: финансовый кризис, разразившийся в августе, обрушил фондовый рынок и вызвал бешеный рост инфляции, банковский коллапс и девальвацию рубля. Для многих жителей России это означало еще бо́льшую нищету и нестабильность, в целом характерную для страны в эпоху с 1991 года, когда Борис Ельцин пришел к власти. И хотя экономика удивительно быстро восстановилась, 1998 год, возможно, стал низшей точкой для тех, кто раньше надеялся, что Россия сможет легко и безболезненно перейти от плановой экономики к рыночной. В 1998 году, на фоне вызванных кризисом тревог и страданий, будущее постсоветской России выглядело очень мрачным.

«Дурочка» обращается к двум отдельным, судьбоносным моментам из советской истории. Повесть имеет двойную структуру: рамочное повествование разворачивается в 1962 году, во время Карибского кризиса, а встроенное в него — в страшные сталинские 30-е, которые Василенко описывает как эпидемию голода, жестокости, тифа, холеры и семейного распада. Главные героини обоих нарративов — до жути похожие друг на друга 13-летние глухонемые девочки: Надька в основном сюжете и Ганна во вставном. Они не умеют говорить, но способны петь удивительно прекрасные песни. Встроенный сюжет, занимающий бо́льшую часть текста, описывает историю сироты Ганны, которая странствует по садистской России 30-х годов, пытаясь сбежать от жестокой коммунистки Тракторины и целого сонма персонажей, пытающихся задержать ее или совершить над ней насилие. В начале своего пути Ганна предстает маргинализированной, уязвимой и бездомной сиротой; в конце она встречается с Богородицей, становится святой и исцеляет калек и больных. Этот троп девочки-подростка как спасительницы повторяется и в конце повести, в основном сюжете, когда Надька чудесным образом возносится в небо и рожает новое солнце, спасая мир от надви-

---

¹⁰ Подробнее о жизни и творчестве Василенко см. [Goscilo 2000: xi–xxii].

гающейся ядерной катастрофы. Описывая путь Ганны-Надьки от изгоя до спасительницы, Василенко соединяет советскую историю с народными легендами, христианским имажинариумом и аллюзиями на средневековые сражения: так рождается сложная «трансисторическая темпоральность» [Sutcliffe 2009: 101][11]. Кинорежиссер по образованию, Василенко пишет ярко, визуально, кинематографично. Ее повесть состоит из коротких сцен, зачастую описывающих лишь образы или звуки, практически без наррации.

По определению автора перед нами «роман-житие», соединение двух разных, несочетаемых жанров, которое само по себе уже указывает на пересечение границы между сакральным и профанным. «Житие» — это агиографический, формульный средневековый текст, описывающий жизнь и деяния святого. Написанное в форме свидетельства добродетели главного героя, каждое житие становится звеном в цепи святости, идущей к более ранним святым, а от них — к жизни и мученичеству Иисуса Христа [Kahla 2007: 45]. Такие тексты также выполняли дидактическую функцию, предоставляя читателю вдохновляющую модель эволюции от профанного к сакральному, чтобы тот смог вписать ее в собственную жизнь. Советы во многом опирались на форму и структуру агиографических текстов в создании новых собственных героев для переосмысленного общества, где верность богу заменялась верностью государству [Clark 2000: 89; Hemenway 2006: 75–92]. Если православные верующие обращались к житию за образцами благочестия, то советской молодежи предлагалось стремиться к высотам отваги и самоотверженности, воплощенной в таких подростках-святых, как Зоя. Итак, обозначение

---

[11] Как отмечает ряд критиков, персонаж Ганны-Надьки, равно как и заглавие романа, отсылает к образу юродивого, важному для православной культуры. Жития юродивых были отдельным жанром. Эти маргинализированные персонажи — странствующие, бездомные, часто полураздетые — демонстрировали симптомы безумия, но в их психическом расстройстве видели знак связи с Богом. Большинство канонизированных юродивых были мужчинами. Образ юродивого встречается в произведениях многих российских авторов, от Достоевского до современных режиссеров — таких, как Павел Лунгин (см. его фильм «Остров», 2006). О Ганне-Надьке как юродивой см. [Kobets 2007: 87–110].

«житие» уже намекает читателю, что в «Дурочке» он отыщет описание необычайной жизни и спасения, которое можно использовать как образец для подражания [Kobets 2007: 90]. Важно отметить нюанс, который упускают критики, — что к 90-м, когда Василенко писала «Дурочку», термин «житие» ассоциировался не только с изначальным агиографическим жанром, но и с его советской переработкой. Так, некоторые ученые указывают, что в «Дурочке» описывается общество, спасаемое женщиной, но никто из них не отмечает, что эта спасительница на самом деле является девочкой-подростком — важная деталь, связывающая текст Василенко с советскими девочками-героинями[12].

Так каким же образом Василенко соединяет советский миф о подростке-герое с описанием своей Ганны-Надьки? В агиографических текстах обязательно содержится описание подвигов добродетельного героя [Kahla 2007: 46]. «Дурочка» заканчивается подвигом Надьки: главная героиня возносится в небо и предотвращает ядерный апокалипсис. Как указывает Светлана Кобец, в этом мотиве видны и ортодоксальные, и народные мотивы. Незадолго до этого коммунистка Тракторина произносит следующую речь. По сюжету, она обращается к детям посреди голой южнорусской степи, где они застыли в ожидании ядерного удара от США.

> Сегодня ночью кончается время ультиматума и наступает время «Ч». Сначала, от первого ракетного удара, погибнут те, кто останется в городе. Мы погибнем от второго удара, но мы будем единственными жертвами с нашей стороны. Дальше ударят наши ракеты и уничтожат Америку в считаные минуты. Вы, дети, станете героями, как Павлик Морозов, как Володя Дубинин. Наши имена узнает вся страна. О нас будут слагать легенды и петь песни. Пионеры! К борьбе за дело Коммунистической партии будьте готовы! [Василенко 2000: 118.][13]

---

[12] См., например, [Трофимова 2017: 5–6]. Кобец утверждает, что «"Дурочка" — это книга о том, как Россию спасает женщина» [Kobets 2007: 87].

[13] Владимир Дубинин, еще один пионер-герой, был партизаном и погиб в 1942 году при разминировании в возрасте 14 лет.

Тракторина обращается к мифу о подростковом мученичестве, подготавливая детей к самопожертвованию во имя спасения Советского Союза и уничтожения врага. Также она подчеркивает связь с некоторыми из ключевых подростков-мучеников, приводя неизбежную абстрактную жертву к конкретному образцу для подражания. Кроме того, она обещает им бессмертие в художественных воплощениях — единственную загробную жизнь, предлагаемую советским мученикам, которые лишены рая, ожидающего христианских праведников[14]. Как пишет Ева Раппопорт, «советское общество требовало от своих детей большего, нежели христианская вера, — принятия мученической смерти, взамен которой не обещало ничего. Кроме, конечно, вечной памяти»[15]. В каком-то смысле Надька, совершая чудесный подвиг, откликается на призыв Тракторины. «Надька рожала солнце <...> Это было новое солнце. Оно лежало в небе словно младенец в пеленках и глядело на новый, простирающийся перед ним мир. <...> Надька сегодня спасла нас <...> не будет ядерного удара, ракет... Смерти не будет!» [Василенко 2000: 126]. Вместо того чтобы умереть, Надька дает жизнь — и тем самым отменяет необходимость гибели для следующего поколения подростков-мучеников. Ее подвиг — родить солнце — настолько уникален, что его невозможно воспроизвести, и это разрывает «цепь святости» советских героев-подростков. В финале «Дурочки» Василенко одновременно переписывает и переизобретает миф о девочке-героине: новому миру по-прежнему нужны герои-

[14] В советской детской литературе эта тема звучит в сказке А. Гайдара «Мальчиш-Кибальчиш», опубликованной в составе его повести «Военная тайна» (1934), где впервые появляется пример подростка-жертвы. Когда юный герой погибает в бою против буржуев, на его могиле устанавливают красный флаг, и все пролетающие самолеты, все проходящие корабли отдают ему честь [Гайдар 1972: 133–266]. Этот текст играет важную роль, поскольку в нем описывается, как именно следует оказывать посмертные почести пионерам-героям. Благодарю за эту идею Марину Балину.

[15] См. статью Евы Рапопорт «Миф о пионерах-героях», опубликованную в «Частном корреспонденте» 30 ноября 2009 года (URL: http://www.chaskor.ru/article/mif_o_pionerahgeroyah_12938).

подростки, но совсем не в той форме, которой требовал Советский Союз.

До чудотворной развязки текста характер Ганны-Надьки бросает вызов советскому представлению об идеальной личности. Очевидно, что ее физические и интеллектуальные особенности не соответствуют сталинскому идеалу здорового, сильного и пропорционального тела, которое в любой момент готово служить коллективу[16]. Кроме того, Ганна-Надька, как все подростки, нарушает классическую симметрию соцреалистической эстетики. На протяжении большей части советского времени существовал запрет на любое упоминание физиологии взросления. В сталинское время, когда разворачивается вставной сюжет «Дурочки», подростковый возраст был особенно проблематичным: и вербальное табу на неприятные темы, как, например, болезнь, распространялось на любое обсуждение процесса взросления [Келли 2013]. Культура, устремленная к светлому будущему, не терпела такого неловкого, переходного периода — и эта идея сохранялась в официальном дискурсе вплоть до конца советского времени.

Иными словами, Ганна-Надька — одновременно подросток и глухонемая — не может достичь «сознательности», под которой понималась способность индивида контролировать свои порывы для демонстрации «осторожности, взвешенности, разумности в поступках и полной политической грамотности» [Durfee 1995: 92]. Нормативный сюжет соцреалистического романа изображал развитие героя от «стихийности» («изначального, стихийного состояния, характеризующегося импульсивными, спонтанными действиями и эмоциями») к овладеванию телом и духом, т. е. к «сознательности» [Clark 2000: 15–24]. Ганна раскрывает свою «спонтанность» в самом начале сюжета — она «обоссалась на площади прямо перед Лениным» [Василенко 2000: 10]. Это не только комическая профанация одного из самых почитаемых советских героев, но и публичная демонстрация недостаточного

---

[16] Более подробный разбор того, как воспринимали тело в сталинскую эпоху, см. в [Livers 2004].

контроля над собственным телом, осуждаемого в сталинские 30-е годы[17].

Немота Ганны-Надьки тоже связывает ее с мифологией Зои Космодемьянской, при этом мы видим, как именно Василенко переосмысляет старый миф. Среди прочих советских добродетелей Зои, на которые предлагалось равняться поколениям советских подростков, — «невинности, любви к учебе, скромности» — самой выдающейся была сила воли. Именно силой воли надлежало контролировать «неорганизованные психосоциальные силы» индивида, и именно благодаря ей советский человек одерживал победу над врагами, будь то буржуазные недобитки из дореволюционного прошлого или фашисты [Tippner 2014: 380]. Стойкость Зои во время пыток нацистами представляет собой апогей воли. Молчание, за которое она заплатила жизнью, предстает как ее главное качество, и именно благодаря ему Зоя затмевает Павлика Морозова, прославившегося своей речью, своим обличительным актом, в качестве главного героя-подростка в военное и послевоенное время [Kelly 2005: 186].

В фильме 1944 года «Зоя» (реж. Лев Арнштам), ставшем «кульминацией военной агиографии Зои», история начинается с того, как Зоя (Галина Водяницкая), схваченная жестокими немцами, молчит на допросе [Щербенок 2013]. Она хранит молчание и в финале, пока идет, одетая в одну рубашку, через снег к виселице. Как пишет Адриенн Харрис, «писатели и художники долго концентрировались на чистоте Зои и на ее пути через снег, когда она, полураздетая и босая, идет по снегу от избы к избе, где ее, скорее всего, изнасиловали» [Harris Ad. 2011: 293]. Ганна во вставном сюжете тоже едва избегает насилия. В основном сюжете Тракто-

---

[17] Катриона Келли пишет, что для большевиков дети были связаны со «сферой физического», и им разрешалось войти «в большевистский рай, только если они очистятся через принятие разумного образа мысли и аскетического, самоотверженного образа жизни. Пропаганда гигиены среди детей <...> тоже была формой навязываемой извне дисциплины, способом контролировать ту часть населения, которая не умела самостоятельно обслуживать свои физические нужды и воспринималась как потенциальная угроза». См. [Kelly 2006: 258].

рина предполагает, что Надька забеременела после того, как ее изнасиловали трое солдат [Василенко 2000: 103–104, 119][18]. Итак, в этих двух отдельных произведениях мы видим один и тот же образ — немая, полуобнаженная, физически уязвимая девочка-подросток, бредущая посреди стихий. Однако Зоя выбирает молчание перед лицом внешнего врага: это демонстрация силы воли и «сознательности». Зоя Арнштама отказывается говорить, в то время как Ганна-Надька говорить не может — она даже не может контролировать собственное тело, и этот контраст подсвечивает ее «спонтанность» и, следовательно, неспособность к героизму[19]. Со сталинистской точки зрения она не вполне человек, и это прямо заявляет ее враг Тракторина: «Таких, как она, <...> еще в роддомах уничтожать надо. Она не человек!» [Там же: 120].

Несмотря на унизительное положение в обществе и нарушение идеалов советской субъективности, Ганна-Надька на протяжении всей повести изображена экстраординарным существом. Неспособная говорить, она может петь. Василенко постоянно соединяет ее с миром божественного: например, сравнивает ее пение с «небесными птицами» [Там же: 24]. Природа защищает ее от врагов. В конце концов ей является сама Богородица, наделяющая ее даром исцелять больных и восстанавливать искалеченные тела — в том числе и тело ее мучительницы Тракторины [Там же: 105, 108–109].

Описывая преклонение перед Зоей Космодемьянской, Харрис отмечает, что «образ Зои всегда существовал на пересечении мифологии, патриотизма, эротической фантазии, материнской

---

[18] Сцена, где парни «навалились на Ганну со всех сторон <...> держали ее за руки, за ноги. Как распятая на снегу лежала», прерывается на полуслове, но нарратив не исключает того, что Ганну все-таки изнасиловали. Это перекликается с судьбой Лизаветы Смердящей из «Братьев Карамазовых» Достоевского — еще одной беззащитной, немой дурочки, которая была изнасилована.

[19] Сорвари утверждает, что немота Ганны-Надьки «означает отказ от речи и разумности в обществе, не верящем в существовании души или духа» [Sorvari 2018]. См. там же более подробный разбор афазии в произведении Василенко и в сравнении с другим современным романом («Время женщин» Елены Чижовой).

и сестринской любви; нарратив о ней включает в себя все эти аспекты» [Harris Ad. 2011: 295]. Аналогичным образом Ганна-Надька пробуждает множество пылких откликов в персонажах, с которыми она встречается, — от сексуального желания у мальчика-сироты Марата во вставном сюжете до нежности у ее брата, тоже Марата, в основной линии; от почтения у исцеляемых крестьян до родительской заботы у многочисленных героев, которые пытаются приютить эту маленькую странницу[20].

Еще до кульминационного героического подвига в романе Ганна-Надька выступает бастионом против распада человечности, против стирания границ между человеческим и животным, которая, по словам Василенко, в 30-е годы оказалась размыта. В своем автобиографическом эссе Василенко описывает, как советский эксперимент на протяжении десятилетий порождал искалеченных людей:

> Мы живем в обществе, где высший духовный слой: религия и философия — был заменен идеологией, был содран, как кожа, уничтожен, как уничтожается озоновый слой над землей, и в эти зияющие озонные дыры хлынула <...> духовная радиация. Мы знаем, каких монстров-мутантов рождает физическая радиация. Но теперь мы накануне рождения духовных мутантов — и неизвестно, кто и что это будет? Люди ли? Звери ли? Люди-звери? [Василенко.]

«Дурочку» можно интерпретировать как попытку исследовать в художественной форме именно эту гибридность, порожденную, по словам Василенко, жестокостью и атеизмом Советского Союза. В тексте содержится множество сопоставлений людей и животных: например, пару, собирающую мертвецов, называют Канарейками; или мужик, у которого «глаза от бешенства кровью налиты — и у него, и у коня» [Василенко 2000: 32, 69]. Животные также иногда проявляют человеческие свойства, как, например,

---

[20] Имя Марат отсылает к другому хорошо известному советскому пионеру-герою времен Второй мировой войны — Марату Казею, который погиб в возрасте 14 лет.

верблюд, влюбившийся в женщину и ревнующий ее к мужу [Там же: 67]. Некоторые персонажи осознают всю зыбкость этого проницаемого разделения — например, Канарейка-жена, которая сетует на то, что хотела похоронить мужа «по-людски», или женщина, кричащая своему сыну-коммунисту, врагу религии: «Человеком будь!» [Там же: 69, 91].

Посреди этих посягательств на целостность человечности Ганна-Надька действует подобно стимулу к проявлению морали и сочувствия. В 11-й сцене второй части, например, Ганна ночует у агента НКВД и его жены. По работе этот человек воплощает в себе государство и насилие; ранее в повести он жестоко арестовал пожилую женщину, которая заботилась о Ганне. Но Ганна неожиданно пробуждает в нем милосердие (он отказывается вернуть ее Тракторине), и он пытается утвердить свою человечность: «— Я не зверь! — закричал. — Я не зверь! Я не хочу быть зверем! Вы думаете, что мы звери? А мы люди, мы такие же, как вы! Люди мы! Люди! — Он вдруг заплакал. <...> Он плакал. Ганна гладила его, успокаивая» [Там же: 49–50, 62]. Ганна действует здесь как гуманизирующая сила: в человеке, несущем советский террор, она пробуждает эмпатию, уязвимость и молчавшую до того совесть. Позднее она встречается с ним еще раз, когда конные энкавэдэшники являются, чтобы разогнать крестьян кнутами. И снова ее присутствие пробуждает в нем осознание всей жестокости его действий — его, отказавшегося от собственной воли и ставшего шестеренкой в государственной машине насилия: «— Я не виноват! — крикнул Ганне вслед. — Нас сюда послали!» [Там же: 93]. Способность Ганны восстанавливать человечность переходит из метафорической области в буквальную, когда она становится целительницей и изгоняет бесов из одержимой женщины, которая «и по-волчьи выла, и по-собачьи залаяла» [Там же: 107].

Связь Ганны-Надьки с милосердием, сочувствием и исцелением помогает Василенко демилитаризировать подростковый героизм. Подвиг Зои и других героев-подростков был неразрывно связан с триумфом на поле боя; как объясняет один из ее постсоветских поклонников, «глядя на нее и преодолевая свой страх, юноши и девушки шли на войну и побеждали!» [Tippner 2014: 372]. Советские солдаты писали ее имя на самолетах и танках [Платт 2013]. Миф о героической молодежи развивался на фоне многочисленных и масштабных попыток привить советской публике то, что Евгений Добренко называет «военной сознательностью» [Добренко 1993: 171–177][21]. Этот процесс начался еще в 30-е годы и шел при помощи школы и молодежных организаций. Один из самых любимых широко читаемых авторов детской и юношеской литературы советского времени, Аркадий Гайдар, сформулировал эти настроения летом 1941 года, написав статью под названием «Берись за оружие, комсомольское племя!», в котором призывал советскую молодежь учиться стрелять и отправляться на защиту родины[22]. Процитированная выше речь Тракторины перекликается со словами Гайдара. Призывая детей к героизму и самопожертвованию, она требует: «К борьбе за дело Коммунистической партии будьте готовы!» Детская география переплетается с войной, когда Марат (брат Надьки), убежденный, что вот-вот по ним ударят ядерные ракеты, мысленно прощается со своим родным городом:

> Мы бежали сначала по улице Победы, где стояла наша школа. Мимо Дома офицеров, куда мы всей семьей ходили смотреть кино или на концерт. Потом по улице Советской Армии, мимо дома, где мы живем <...> По Авиационной, мимо <...> магазина, где мы брали хлеб <...> Мимо проспекта 9 Мая, где стояла баня <...> Мимо Солдатского парка, здесь мы катались на каруселях <...> Это была вся моя жизнь [Василенко 2000: 118].

В детских воспоминаниях Марата каждое обыденное действие — шел ли он в школу, бежал ли в кино, покупал хлеб, мылся в бане — происходит на улице, чье название так или иначе связано с защитой родины или победой в войне; тем самым показывается, как сильно символическое поле советского детства

---

[21] Цит. по: [Tippner 2014: 376].
[22] Цит. по: [Kelly 2005: 183].

было связано с идеей военной сознательности. Ганна-Надька бросает вызов этому вторжению насилия в пространство детства. В «Дурочке» Василенко предлагает новый тип героини-подростка, замещая агрессию уязвимостью, уничтожение — рождением, а советский атеизм и насилие — христианством и народной иконографией.

Стоит обратить внимание на еще одну перекличку между повестью Василенко и фильмом о Зое 1944 года. Надька спасает мир — в своем мифологическом воплощении Зоя делает то же самое. Как указывает Розалинд Сарторти, «без героических деяний и образцового поведения советских героев и героинь [в военные годы] история фашизма могла бы выглядеть иначе» [Sartorti 1995: 190–191]. Вспомним современного поклонника Зои, процитированного выше: с его точки зрения, именно пример Зои и других молодых людей вдохновил поколение советских воинов на то, чтобы спасти мир от катастрофы. Как и «Дурочка», «Зоя» завершается сценой вознесения героини: в финальном кадре мы видим ее «улыбающееся лицо высоко в зимнем небе, над смертельным огнем линии фронта». В таком духе — умерший советский герой возносится в небо, вдохновляя своим примером живущих, — уже изображали Ленина, а вскоре начали изображать и живого пока что Сталина [Sartorti 1995: 186]. Как ни удивительно, но Зоя из фильма и Надька из книги в финале занимают одно и то же место в раю. Из текста Василенко можно предположить, что девушкам необязательно умирать, чтобы перейти из земного мира в небесный. Василенко возвышает глухонемую девочку-подростка, девочку рожающую, а не погибающую мученической смертью, и она занимает у Василенко ту самую позицию, которая (по крайней мере, в советских фильмах) предназначалась исключительно для святых вроде Ленина и Зои.

Лунная девушка

«Русалка» (2007) — второй полнометражный фильм русско-армянской режиссерки Анны Меликян (р. 1976), одной из самых признанных и известных в мире режиссеров, работающих в современной России. В 2008 году этот фильм стал российским претендентом на премию «Оскар» в категории «Лучший фильм на иностранном языке». В том же году, помимо прочих наград, Меликян получила премию за лучшую режиссуру на фестивале «Сандэнс»[23]. Фильм рассказывает историю девочки Алисы, оставшейся без отца (в детстве ее играет Анастасия Донцова, а в подростковом возрасте — Мария Шалаева), начиная с ее детства в сонном провинциальном городке у моря и заканчивая ее переездом в 17 лет в шумную, гиперпотребительскую Москву.

Выпущенная в прокат практически через десять лет после повести Василенко, «Русалка» была создана в совершенно другой период постсоветской истории, и это заметно в том, как Меликян показывает Москву. В 2000 году президентом России стал Владимир Путин, и российская экономика на волне высоких цен на нефть вошла в топ-10 мировых экономик [Kotkin 2008: 203]. Страх перед хаосом и нищетой «диких 90-х» обеспечили Путину поддержку большинства населения. На фоне этой новоприобретенной стабильности и относительного благосостояния ярко проявилась тяга к «гламуру» — «идеологии денег, успеха, развлечений и нарочитого потребления», — характерная для российской культуры середины и конца нулевых [Hemment 2015: 29]. Красивые и богатые русские, жившие «красивой жизнью» на телевизионных экранах и страницах глянца, в книгах и кино, как бы призывали соотечественников последовать их примеру [Mesropova 2009: 91]. Как мы увидим, Алиса у Меликян бросает вызов женскому идеалу и идеологии безудержного, гедонистического потребления, предписываемой гламуру.

Иногда «Русалку» называют «русской "Амели"», сравнивая Алису с экстравагантной героиней французского фильма 2001 года. Работу Меликян удачно называли «городской сказкой, погруженной в напряженный контекст современного российского мегаполиса», чей сюжет в какой-то степени вдохновлен андерсе-

---

[23] Больше о реакции на фильм см. в [Doubivko 2011].

новской «Русалочкой»[24]. Как и героиня Андерсена, Алиса влюбляется в недосягаемого принца; в ее случае это пресыщенный и богатый московский пиарщик Саша (Евгений Цыганов), заработавший свое состояние продажей участков на Луне. Алиса несколько раз спасает ему жизнь и становится лицом его рекламной кампании — выкрашивает волосы в зеленый цвет и позирует в роли лунной девушки. Но циник Саша, такой постсоветский двойник разочарованного и отстраненного персонажа российской литературы XIX века, не отвечает ей взаимностью. Кульминацией фильма становится смерть Алисы: ее сбивает машина на типичной оживленной московской улице, а за кадром ее голос весело напоминает, что каждый год таким образом умирают тысячи человек. Как и в финале «Дурочки» или «Зои», мы видим сцену вознесения Алисы: сначала она смотрит на Москву с высоты плаката, как лунная девушка, а потом ее улыбающееся лицо возникает на фоне моря, причем цветовая палитра напоминает о более ранних, сновидческих эпизодах этой истории. Меликян, как и Василенко, обращается к советской культурной мифологии, создавая новую модель героини-подростка в постсоветскую эру.

У Ганны-Надьки и Алисы немало общего. Обе связаны с фольклором и живут в гармонии с миром природы. В начале «Русалки» Алиса рассказывает историю своего зачатия как метаморфозу от рыбы до человека: «Мама говорит, что сначала я была рыбкой и жила у нее в животе, но появился папа, и я стала человеком». Далее по сюжету Саша отвергает любые чувства по отношению к другим людям, зато испытывает привязанность к своей рыбке. Граница между человеческим и нечеловеческим в фильме предстает проницаемой; это перекликается с похожим мотивом в «Дурочке», хотя здесь нет открытой связи с распадом морали, как это было в повести у Василенко. В «Дурочке» также встречается образ рыбы — ярче всего это проявляется в 20-й главе второй части, где обнаженную Ганну, «всю в серебряной чешуе, как

---

24 См. статью Вероники Чернышевой «Жесткое и женское творчество», опубликованную в «Независимой газете» 17 мая 2007 года (URL: https://www.ng.ru/culture/2007-05-17/11_kinotavr.html) и [Плахов 2008].

большая рыба», вытаскивают из воды рыбаки. Они восклицают, что поймали русалку. Один из них рассказывает длинную легенду о временах монгольского ига — о том, как другая 13-летняя девочка, мертвая Туба, пытается завлечь своего живого возлюбленного в речное царство, где она царит среди русалок. В этом рассказе подсвечиваются некоторые аспекты сложного и неоднозначного образа русалки: она эротична, но при этом ребенок, уязвима, но и угрожающа, владеет даром «даровать жизнь и приносить смерть» [Goscilo 2007: 63]. В «Русалке» Алиса воплощает в себе некоторые из этих противоречий. Кроме того, этот русалочий контраст — между сексуальностью и невинностью, потребностью в защите и способностью нести опасность — характерен и для дискурса, сложившегося вокруг девушек-подростков. Как пишет Стивен Берт, «современная культура наделяет девушку-подростка <...> уязвимостью перед (сексуализированной) опасностью и одновременно (сексуализированной) силой». Такое описание подходит и фольклорной фигуре русалки [Burt 2012: 138]. Поэтому образ русалки не только насыщает фильм множеством фольклорных и сказочных аллюзий, как часто отмечают критики, но и перекликается с подростковым возрастом Алисы. Меликян и Василенко расширяют типологию российских героинь-подростков, отходят от советского прошлого; а для этого наполняют свои работы элементами народной культуры, которые тоже представляют собой метафору женского подросткового возраста.

Подобно Ганне-Надьке, Алиса одновременно и человек, и сверхчеловек. Обе девочки чувствуют себя чужими в обществе и страдают от одиночества. Чтобы показать положение Алисы, Меликян снимает ее в составе детского хора: пока другие дети восторженно поют в унисон, Алиса потерянно смотрит в сторону. Меликян часто показывает свою героиню захваченной одиноким движением, в противопоставлении толпе в ее родном городке — а позднее и безликой московской толчее, на которую она смотрит из костюма мобильного телефона, потому что другой работы ей найти не удалось.

В Москве совершенно не женственная внешность Алисы подчеркивает ее отчуждение. Мы часто видим ее на фоне блестящих, броских рекламных щитов, где ярко накрашенные женщины позируют в дизайнерской одежде и сверкающих украшениях. Ее мешковатые толстовки, кеды, мальчишеская внешность, растрепанные волосы, лицо без макияжа — все сигнализирует об отказе от культуры *гламура* и «телеологии женственности», к которой общество часто подталкивает девочек-подростков [Ibid.: 213]. Ее мать напрасно пытается внушить эту телеологию Алисе: так, на 18-й день рождения дочь получает от нее в подарок слишком большой («на вырост») бюстгальтер с леопардовым принтом. Физический контраст между худой, бледной дочерью и дородной, сладострастной, феллиниевской матерью еще больше способствует эмоциональному отчуждению Алисы [Doubivko 2011: 264][25]. Девочка отказывается «погружаться в сексуальную видимость», которая в культурном воображении сопровождает девушку-подростка [Burt 2012: 16]. Оставаясь внешне ребенком, она лишена русалочьей эротической привлекательности. Если героиня Василенко не соответствует сталинистским критериям идеального тела, то и Алиса не отвечает стандарту гиперфеминной россиянки XXI века. Подобно Ганне-Надьке в советские времена, Алиса оказывается одиноким и уязвимым изгоем в постсоветской России[26]. Как Ганна-Надька не может и надеяться достичь высшей советской ценности — сознательности, так и Алиса, судя по всему, обречена никогда не усвоить поверхностные потребительские ценности, царящие, как изображает Меликян, в современной Москве[27].

---

[25] См. также более подробный анализ отношений Алисы с матерью в [Doubivko 2011: 268].

[26] Физическая уязвимость Алисы становится еще очевиднее, когда во время беспорядков футбольные фанаты ломают ее костюм-телефон. Связывает героинь и тема немоты: Алиса перестает разговаривать в возрасте шести лет. Речь возвращается к ней только после встречи с Сашей.

[27] Людмила Партс утверждает, что в современном российском культурном воображении Москва обладает негативными характеристиками — такими, как жадность, корыстность и аморальность, — раньше относившимися к столицам западных стран. Образ Москвы как «западного города греха» соответствует ее изображению у Меликян. См. [Parts 2018: 109–114].

Но Алиса, в отличие от героини Василенко, обладает сверхспособностями, которые по крайней мере частично компенсируют ее уязвимость. В первой же сцене фильма, где Алиса предстает подростком («17 лет, 2 месяца, 10 дней»), ее закадровый голос сообщает зрителю, что она научилась «исполнять желания. Это просто: надо только сильно захотеть, и оно исполняется». Мы видим эту новоприобретенную силу, когда Алиса считает до пяти и желает, чтобы с яблони осыпались все яблоки — образ, безусловно, нагруженный множеством метафорических ассоциаций от потери невинности до обретения запретных знаний. Необычайные способности Алисы связаны с разрушением. Когда она решает, что хочет уехать из родного городка, камера снова показывает, как она бежит в одиночестве, повторяя: «Хочу уехать», замирает на краю пирса и дует на море. В ответ разыгрывается жестокий шторм, уничтожающий город и заставляющий семью переехать в Москву. За кадром Алиса просит прощения. Ее желания снова приносят беду, когда она не может сдать вступительные экзамены. На этот раз Алиса бормочет: «Хочу учиться» — и, насколько можно судить, видит ДТП (зритель только слышит звук столкновения и скрежет тормозов). В следующей сцене она узнает, что в этом происшествии погиб другой абитуриент, и теперь она может занять его место. Позднее по сюжету Алиса спасает Саше жизнь, однако по большей части ее способности несут только несчастье, даже если в обмен она может влиять на собственную судьбу.

И как в таком случае говорить о связи Алисы с мифом о девочке-спасительнице, если ее экстраординарные силы чаще всего приводят к трагическому исходу? Героизм Алисы состоит не в ее подвигах, но в том противоядии, которое она предлагает поверхностному, пустому обществу постсоветской Москвы Меликян. Ее естественная, шероховатая внешность бросает вызов приглаженному гламурному идеалу красоты, обрушивающемуся на зрителя с многочисленных билбордов. В постсоветскую эпоху девочки-подростки жадно поглощали глянцевые журналы, создаваемые по образцу западной прессы, где, как в рекламе у Меликян, образцом российской женственности провозглашалась искусственная красота [Rudova 2014: 396]. Эти публикации помогали девушкам найти подходящую маску, отточить тщательно воссозданную «естественность», которая в будущем должна была помочь им превратиться в женщин, привлекательных для богатого мужчины [Litovskaia 2008: 210–211]. В книгах с советами для девочек, публиковавшихся в России после конца СССР, одежде и косметике также уделялось особое внимание: например, в одной из них говорилось о «вечной притягательности высоких каблуков» [Lanoux 2014: 414, 407][28]. Посмертное вознесение Алисы на рекламный щит в виде лунной девушки можно понимать как посягательство на эту монополию невероятно, но одинаково красивых женщин.

Кроме того, Алиса чувствует окружающую ее фальшь — и, подобно Ганне-Надьке, пробуждавшей человечность в бесчеловечном мире, она побуждает срывать маски. Меликян помещает свою героиню в самый центр гламура, среди многослойной искусственности, но само присутствие Алисы пробивает все эти слои. Например, на свидании с Сашей она демонстрирует осознание окружающей ее фальши: «А вы замечали, когда люди спотыкаются или падают, у них на миг такие детские лица? Наверное, потому что перестают врать». В последующей сцене мы видим, как Алиса и Саша играют в любимую игру ее детства: «рассмеши мертвеца». Алиса так твердо решает не смеяться, что Саша, этот «эмоционально недоступный медиамачо», опасается за ее здоровье и вызывает скорую помощь [Schmidt 2009]. Пока они едут вместе, камера снимает крупным планом, как он умоляет ее «держаться»; впервые за весь фильм он демонстрирует искренние эмоции по отношению к другому человеческому существу.

После гибели Алисы Меликян показывает, как на запруженной людьми московской улице Саша обнимает Риту (Ирина Скриниченко), свою красивую, страдающую девушку, к которой Алиса так ревновала его в предыдущих сценах. В толковании Хенрике

---

[28] В другом своем фильме («Звезда», 2014) Меликян еще глубже погружается в тему подросткового возраста и идеала красоты: главная героиня делает пластическую операцию.

Шмидт смерть Алисы помогает Саше и Рите снова обрести друг друга. «Русалка», по ее словам, ставит постсоветской России диагноз «отсутствия любви в правящем классе», и самопожертвование Алисы ведет не только к спасению Саши, но и к изменению российских элит [Ibid.]. Эту трактовку поддерживает и другая сцена, происходящая после гибели Алисы: пара, которую мы то и дело видели ссорящейся, теперь целуется в машине.

В соответствии с этой интерпретацией «Русалка», как и «Дурочка», оказывается постсоветским культурным артефактом, основанным на мифе о девушке-мученице, где главная героиня воплощает в себе противоположность миру, в котором она живет. В эссе о работе Василенко Николай Александров пишет, что Ганна-Надька «будто и не принадлежит этому миру <...> тотального зла» 30-х годов [Александров 1999]. То же самое можно сказать и об Алисе, если заменить «тотальное зло» на цинизм, показное потребление и поверхностность, а 30-е — на путинскую Москву. Наивность и искренность Алисы выставляют на всеобщее обозрение пустой, гедонистический консюмеризм российской столицы, срывая маску с фальшивых обещаний гламура. Неудача, постигшая Алису в попытке использовать свой дар во благо, не аннулирует ее ценность: напротив, это доказывает бессмысленность героизма старого типа, основанного на идее подвига, которая характеризовала и советскую модель, и предшествовавшую ей христианскую.

В финале «Русалки», как и в финале «Дурочки» и «Зои» Арнштама, девочка-подросток возносится на небеса. Связь Зои с обороной Советского Союза подчеркивают самолеты и танки, прорезающие ее посмертное изображение, глядящее с небес (рис. 1 и 2). Алиса, напротив, поднимается на небосвод московских рекламных щитов, этих алтарей материализма, которые столь величественным показаны образом в фильме (рис. 3). Отчасти Меликян следует агиографической форме истории о девушке-мученице, о смерти, за которой следует увековечивание, но меняет содержание. Советские герои-подростки достигали бессмертия через художественное воплощение; постсоветская героиня Меликян, напротив, достигает его, занимая парадигмальное место призыва к материализму: рекламный щит. Вероятно, ее восхождение представляет собой триумф аутентичности над блестящим «спектаклем потребления» гламура [Mesropova 2009: 93].

В последнем кадре фильма мы покидаем современную Москву: Алиса оказывается в месте, лишенном каких бы то ни было признаков времени и пространства и напоминающем ее сны (рис. 4). Этот переход от конкретного к утопическому (в своем первом значении слово «утопия» означает «место, которого нет») согласуется с тем, как Теодор Гастер определяет миф: «любая демонстрация реального в терминах идеального <...> выражение концепции, что все объекты можно одновременно увидеть с двух сторон: временной, моментальной <...> и вечной, трансцендентальной». Следуя этой концепции, Алиса воплощает в себе «мифическую идею»: после смерти она движется от «точечного и реального» к «вечному и идеальному». Эту эволюцию отражают два последних кадра — от обычной московской улицы к абстрактному месту, похожему на сон [Gaster 1984: 112–113]. Подобную трансформацию проходит и Ганна-Надька, когда рожает новое солнце и показывает, что мифологизация необязательно должна предваряться смертью. Обе вымышленные девушки пересекают границу между «реальным» и «идеальным», секулярным и сакральным, повторяя путь легендарной героини-мученицы СССР Зои Космодемьянской.

Но, в отличие, от Зои они не формируют звено в цепочке святости и не призывают других девочек последовать их примеру[29]. Подвиги советских героев, в том числе и подростков, не только служили примером поведения; они сближали советского человека с коммунистической партией и ее идеологией. Подобно Зое, умершей с именем Сталина на устах, советские герои могли достигнуть вершин отваги и самопожертвования, потому что идеи социализ-

---

[29] Как пишет Юлиана Фюрст, «юное послевоенное поколение отчаянно хотело ни в чем не уступать своим предшественникам». В качестве особенно яркого примера она приводит историю девушки, которая колола себя булавками, чтобы быть как Зоя. См. [Fuerst 2010: 297].

ма наделяли их экстраординарной силой и стойкостью. Имеющиеся данные показывают, что их подвиги действительно подталкивали молодежь активнее присоединяться к комсомолу и коммунистической партии [Sartorti 1995: 187]. Рассмотренные здесь вымышленные постсоветские героини, конечно, не могут вдохновить на сопоставимое выражение идеологической близости.

Таким образом, мы возвращаемся к одному из центральных вопросов этой книги, связанному с устойчивостью советских моделей в постсоветское время. Два проанализированных здесь культурных артефакта определенно строятся на основе парадигматического мифа о героине-подростке, воплощенного в Зое. И Василенко, и Меликян отчасти следуют этому мифу, лишая при этом своих героинь связи с насилием и какой-либо определенной идеологией. Как пишет Шмидт, «Русалка» «видит современное российское общество с ультраконсервативных позиций. Его единству угрожает распад социальных классов, который можно исцелить любовью» [Schmidt 2009]. И хотя это наблюдение несколько упрощает идею фильма, можно сказать, что в обоих произведениях звучат досоветские христианские ценности — любовь, самопожертвование, сочувствие, — которые можно в определенном, хотя и в редуцированном, смысле назвать консервативными. Оба автора проникают в слой «социального цинизма», ставший, по словам Добренко, «структурирующей характеристикой постсоветской картины мира на всех уровнях». Если цинизм заставляет «прагматическое» «торжествовать над идеальным», то в «Дурочке» и «Русалке», напротив, «идеальное» в конце концов подчиняет себе «реальное» [Dobrenko 2015: 33–34].

Утопии прошлого

Что касается создания героинь, воплощающих идеалистические ценности вразрез с миром, в котором они живут, Василенко и Меликян можно сравнить с другими современными российскими авторами, обращающимися в поисках положительных ценностей к советскому прошлому. Например, как пишет Алексей Юрчак, петербургская художница Даша Фурсей (р. 1978) создала серию картин «Пионерки», основанную на воспоминаниях о советском детстве и стремящуюся отделить «искренний идеализм» от более мрачных страниц советской истории. Фурсей поясняет, что пионерская организация «действительно настраивала на подвиги, и в этом устремлении не было ничего циничного». Ее мечтательные девочки в красных галстуках выступают антитезой к «прагматичным молодым женщинам, постоянно вычисляющим, что сколько стоит, знающим, с кем надо дружить, и мечтающим выйти замуж за "нового русского"»[30]. Иными словами, пионерки Фурсей служат альтернативой материализму и поверхностности того самого «нефтедолларового» гламура, которым пропитана современная Москва в фильме Меликян [Hemment 2015: 29].

Подобным же образом писатель Алексей Варламов (р. 1963) называет свой роман «Душа моя Павел» (2018) «утопией о прошлом»[31]. Действие книги с подзаголовком «роман воспитания» происходит в 1980 году. Главный герой — искренний, непосредственный, ничего не знающий о реальном мире 17-летний юноша из закрытого военного городка невероятным образом поступает на престижнейший филологический факультет МГУ. Павел воплощает в себе непоколебимую романтическую веру в правоту Советского Союза и в благородство его граждан, которые, как и его родители, готовы пожертвовать собой ради всеобщего блага. Его идеализм болезненно сталкивается с цинизмом прочих студентов; он умоляет их помочь ему понять, как это возможно — «презирать свою родину, которая сделала вас такими, какие вы есть?» [Варламов 2018: 117]. Изначально ставший объектом насмешек и издевательств, в конце Павел становится столь трудолюбивым безупречным работником, что остальные ему завидуют, поскольку он смог

---

[30] Цит. по: [Yurchak 2008: 265]. Юрчак также указывает, как советские символы, такие как Юрий Гагарин и космическая программа, «стали важны для постсоветской, нацеленной в будущее молодежной культуры» на рейв-вечеринках конца 80-х — начала 90-х годов. См. [Yurchak 1999: 95].

[31] См. статью Дарьи Гриценко «Взросление души: Алексей Варламов написал "утопию" о Советском Союзе», опубликованную 19 июня 2018 года (URL: http://www.taday.ru/text/2230584.html).

избежать всеобщего лицемерия позднесоветского общества. Его вера не меняется, даже когда ему рассказывают об ужасах ГУЛАГа. В кульминационной сцене мы косвенно понимаем, что герой убежден в возможности отделить положительные советские ценности от страшной истории, которая за ними стоит: «Потому что советское — это не страшная глокая куздра, не ГУЛАГ, не воровство и не подлость, настоящее советское — это когда людей объединяет общее и когда дружеское важнее личного, потому что дружество и есть советская власть» [Варламов 2018: 280–281]. Как и в «Пионерках» Даши Фурсей, герой романа Варламова воплощает в себе «искренний идеализм», не тронутый мрачной действительностью советского эксперимента.

Аналогичными импульсами можно объяснить популярность Аркадия Гайдара в постсоветские годы. Он по-прежнему пользуется большим успехом у современного читателя и вдохновляет новое поколение российских детских писателей. В новое время, однако, с его «коммунистической героики» — в особенности в «Тимуре и его команде» — приходится снимать идеологический слой, за которым скрываются такие универсальные ценности, как «тяга к справедливости и всеобщее братство» [Maeots 2016: 155–158].

«Дурочка» и «Русалка» тоже воссоздают классический советский образ, который они далее лишают советскости, замещая ее элементами ненасильственного, гуманистического подхода. При этом любопытно, как проанализированные в этой главе работы перестраивают элементы православной культуры, ставшие в свое время основой для советского культа подростков-святых. В СССР сакральное служило мирскому: христианскую форму наполняло советское содержание. Василенко и Меликян работают с советским мифом о подростке-мученике, но наполняют эту форму теми изначальными христианскими элементами, от которых отказался Советский Союз. Есть некоторая ирония в том, что аналогичной стратегией пользуются некоторые современные почитатели Зои, подчеркивая ее связь с дореволюционной православной традицией мученичества — и стирая тем самым жестокий исторический контекст, в котором она жила и умерла

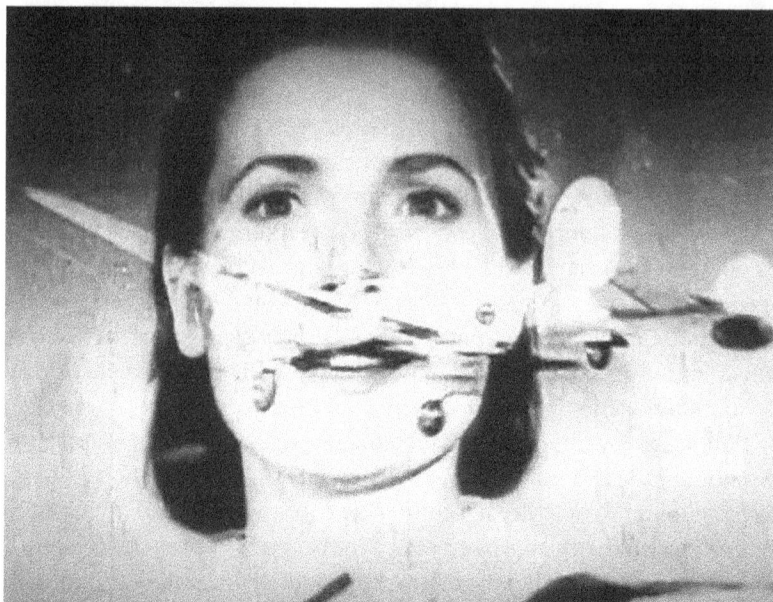

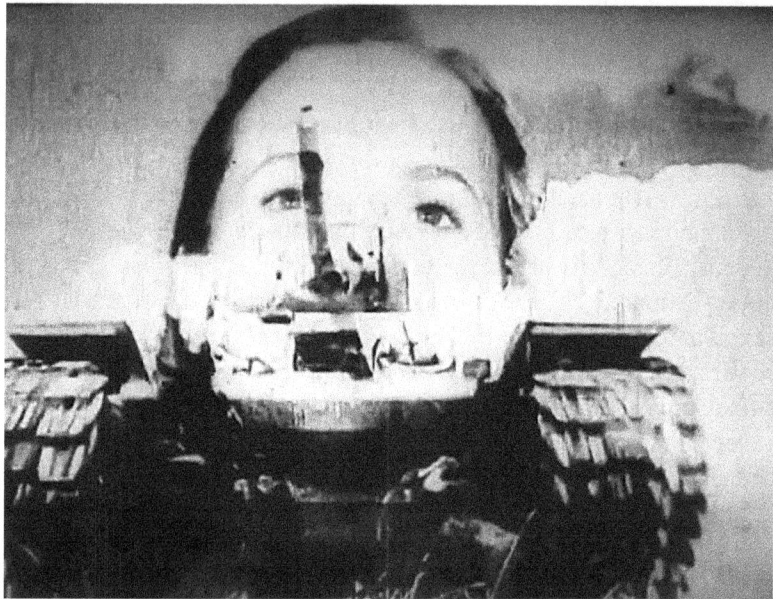

Рис. 1. Мертвая Зоя с самолетом. «Зоя». Реж. Лев Арнштам. «Союздетфильм», 1944.
Рис. 2. Мертвая Зоя с танком. «Зоя». Реж. Лев Арнштам. «Союздетфильм», 1944.
Рис. 3. «Луна для всех». «Русалка». Реж. Анна Меликян. «Централ Партнершип» и «Магнум», 2007.
Рис. 4. Алиса в утопии («месте, которого нет»). «Русалка». Реж. Анна Меликян. «Централ Партнершип» и «Магнум», 2007.

[Harris Ad. 2011: 299–302]. «Дурочка» и «Русалка» свидетельствуют о сложной, часто неожиданной траектории развития советских мифов в постсоветской России, где девочка-подросток по-прежнему выглядит многообещающим кандидатом в спасители и искупители. В контексте других произведений, стремящихся сохранить положительные аспекты советского прошлого в фигуре героя-подростка, они обращаются к силе «идеализирующих картин» юности, чтобы с их помощью спрятать темную сторону советской истории. В то же время на передний план выходят идеалы — любовь, кротость, сочувствие, — связанные с дореволюционной (религиозной) системой ценностей. В этой уникальной постсоветской вариации «влюбленности в подростковость» образ подростка скорее сохраняет прошлое, нежели защищает будущее.

Глава 2
Подростковость как кошмар

Фильм Дмитрия Астрахана «Деточки» (2013) открывает графические образы развращенной невинности: в государственном детском доме мускулистые полуголые мужчины средних лет растлевают дрожащих детей обоих полов. Камера быстро переходит от одной сцены к другой, подчеркивая частоту насилия и усиливая отвращение зрителя. В следующей сцене учитель приглашает в кабинет пения мужчину в халате. Гость выбирает себе следующую жертву, а учитель жестами предлагает детям петь дальше — и неровная музыка, звучащая за кадром, странным образом поглощает их слова. Очевидно, что взрослые, которые должны заботиться о детях, не только знают о совершающемся насилии, но и активно ему помогают. Так дети оказываются преданы дважды.

В момент, когда наше возмущение достигает крещендо — светловолосая девочка с огромным голубым бантом тщетно пытается ускользнуть от мучителя в ванной, — но пронзает кадр и шею мужчины. Из тени появляется спаситель девочки: это не полицейский и не любой другой человек, уполномоченный блюститель социальных норм, а светловолосый мальчик-подросток с нежным лицом, одетый в черную толстовку с капюшоном. Пока он стирает с ножа кровь, несколько других мстителей в капюшонах, похожих на членов монашеского средневекового ордена, обходят его и заполняют кадр. На протяжении всего фильма автор продолжает исследовать темы, заданные в прологе: группа подростков, вооруженных ножами мальчиков и девочек, собственными силами вершит правосудие, пытаясь восстановить справедливость в мире продажных судей, безразличных полицейских, торговцев наркотиками и насильников. Астрахан обозначил жанр своего фильма как «сказка». В одном интервью он называет его «притчей нашего времени», кинематографическим предупреждением о тех темных силах, что угрожают разрушить современное российское общество[1].

Как Ганна-Надька у Василенко и Алиса у Меликян, юные мстители у Астрахана в моральном смысле превосходят жестокий и циничный мир, в котором они живут. Своей храбростью и готовностью пожертвовать собой во имя благой цели они напоминают героев-подростков советской эпохи. Однако, в отличие от героинь, о которых мы говорили в главе 1, персонажи «Деточек» не чураются насилия. Если Василенко в «Дурочке» отделяет мир детства от символов войны и милитаризированности, то Астрахан снова сплавляет их воедино. Один из его юных героев провозглашает: «Нам всем объявили войну», — и тем самым оправдывает нарушение библейской заповеди «не убий». В «Деточках» заново разворачивается тот циркулярный хронотоп бесконечного насилия, из которого в конце пелевинского романа сбегает подросток Омон. Через 15 лет после того, как Ганна-Надька рожает новое солнце, останавливая ядерную катастрофу, Астрахан провозглашает, что единственная надежда на искупление, оставшаяся российскому обществу, — это банда тинейджеров с ножами. В финале фильма эйзенштейновская толпа подростков в капюшонах полностью заполняет собой кадр, символизируя окончательный триумф юных вигиланте над безразличием и развращенностью взрослого мира.

---

[1] См. материал Никиты Карцева «Дмитрий Астрахан снял шокирующий фильм о детдомовцах», опубликованный в «Московском комсомольце» 5 апреля 2013 года (URL: https://www.mk.ru/culture/2013/04/05/837048-dmitriy-astrahan-snyal-shokiruyuschiy-film-o-detdomovtsah.html). Астрахан (р. 1957) уже несколько десятилетий пользуется известностью в российском кинематографе. Он поставил несколько десятков фильмов, включая хит 90-х «Все будет хорошо» и научно-фантастическую драму «Четвертая планета» (оба в 1995 году).

Герои Астрахана никак не меняются после совершенных ими актов насилия и не испытывают мук совести, хотя количество убийств на протяжении фильма все растет. В этом смысле их можно назвать младшими братьями и сестрами Данилы Багрова из культового фильма Балабанова: они следуют собственному кодексу чести, а их враги столь омерзительны, что это снимает любой вопрос совести или вины. Зритель, однако, может спросить: что же это за общество, в котором право на легитимное насилие находится в руках подростков? Возможно, Астрахан ожидал таких вопросов и именно поэтому описал свой фильм как сказку-предупреждение о том, что ждет Россию, если «порядка не будет»[2].

Через «Деточек» удобно сделать переход от произведений, рассмотренных в предыдущей главе, к тем, о которых речь пойдет в этой. Мы поговорим о повести Анны Старобинец «Переходный возраст» (2005), о фильме «Жестокость» (2007) Марины Любаковой и о фильме «Ученик» (2016), а также о предшествовавшей ему театральной постановке (в обоих случаях режиссером был Кирилл Серебренников). Появление элемента насилия в образе благородного подростка создает моральную двусмысленность; в «Деточках» подростки по-прежнему играют роль потенциальных спасителей общества, но при этом встает вопрос, хотим ли мы быть спасенными таким образом. В других произведениях эта неоднозначность звучит еще громче: авторы ясно обозначают опасность сближения подросткового возраста с героизмом, вознесения подростка из телесного мира в трансцедентальный — и вступают в конфронтацию с идеями, которые звучат у Василенко и Меликян.

В обзоре на «Деточек» кинокритик Евгений Марголит пишет, что Астрахану удается очень точно передать ключевые элементы

---

[2] См. интервью Елизаветы Симбирской с Дмитрием Астраханом «"Деточки" — это фильм-предупреждение», опубликованное в «Снобе» 25 апреля 2013 года (URL: https://snob.ru/selected/entry/59664). Майкл Бродски полагает, что со времен фильма «Сестры» (реж. С. Бодров) в российском кино появилась идея, что «образ невинного ребенка и идея жестокой самозащиты вполне совместимы». С его точки зрения, «Деточки» служат ярчайшим примером этого сочетания. См. [Brodski 2018: 222–223, 228].

«массового сознания» современных россиян, их страхи и фобии. Другие работы, о которых пойдет речь в этой главе, тоже набрасывают связь подросткового возраста, страха и жестокости в качестве одного из наиболее важных аспектов российского «массового сознания»[3]. Здесь герои-подростки внушают страх, ужас и отвращение. У Старобинец в теле мальчика селится колония муравьев, заставляющая его совершать невыразимые преступления и в конце концов погибнуть ради муравьиной королевы. Миф героического подростка преломляется в жанре хоррора — теперь это история-предупреждение об эксплуатации тела. В фильме «Жестокость» девочка-подросток выступает в качестве оккупантки, соблазняя старшую героиню, которая напрасно верит, что юная девушка способна спасти ее от материалистической и бесчувственной Москвы. Наконец, в «Ученике» Серебренникова подросток провозглашает себя спасителем развращенного российского общества, используя свою набожность как оружие, наделившее его правом наказывать и убивать. Взрослые в этом драматичном мире без веры скорее поощряют его тягу к убийству, чем препятствуют ей.

Сигнализируя о кончине советского героического подростка, эти работы выдвигают последнего в качестве локуса целого ряда тревог, начиная от страха перед нестабильностью и уязвимостью человеческого тела, материалистическими ценностями и культуры потребления до полного разрушения морального кодекса. В каждом из них «влюбленность» Леско перерождается в представление о подростковости как о кошмаре.

Чудовищное тело подростка

Анна Старобинец родилась в Москве в 1978 году. Журналистка по образованию, она работала в СМИ, а в 2006 году опубликовала первый сборник рассказов «Переходный возраст». Это

---

[3] См. материал Е. Марголита «Возвращение зрителя?», опубликованный в журнале «Сеанс» 4 апреля 2013 года (URL: https://seance.ru/articles/detochki_astrahan/).

был яркий дебют: книга попала в список финалистов престижной премии «Национальный бестселлер». С тех пор фантастические рассказы и романы Старобинец пользуются значительной популярностью у критиков и читателей, часто вызывая сравнения со Стивеном Кингом и Филиппом К. Диком. Известная как «королева русского хоррора», Старобинец является успешной сценаристкой, пишет детские книги и издается на многих европейских и не только языках. В 2018 году Европейское общество научной фантастики объявило ее автором года[4]. В 2017 году Старобинец выпустила свой единственный крупный нон-фикшен — книгу «Посмотри на него», в которой описала жуткий опыт взаимодействия с российским здравоохранением, когда ей пришлось прервать беременность из-за несовместимого с жизнью диагноза у ребенка[5].

Повесть «Переходный возраст» можно описать как смесь «Превращения» Кафки с «Чужим» Ридли Скотта, приправленную подростковой романтикой и семейной мелодрамой[6]. Все начинается с банальной, казалось, воскресной поездки: мать, недавно разведшаяся с мужем, вместе с восьмилетними близнецами Викой и Максимом отправляется на прогулку в подмосковный лес, неподалеку от их московской квартиры. Однако Максим заболевает загадочной болезнью, которую диагностируют как инфекцию внутреннего уха; после этого и его поведение, и его физиология меняются самым радикальным и необъяснимым образом. В 12 лет

---

4 См. материал, опубликованный на сайте РИА-Новости 24 июля 2018 года, «Россиянку признали лучшим писателем-фантастом Европы» (URL: https://ria.ru/20180724/1525189861.html) и интервью Светланы Рейтер с Анной Старобинец «Пишут, что дали премию за то, что Россию ненавижу», опубликованное на сайте Русской службы ВВС 26 июля 2018 года (URL: https://www.bbc.com/russian/features-44964400).

5 Подробнее об этом произведении см. интервью Екатерины Кронгауз с Анной Старобинец «Горе не бесконечно, как ни кощунственно это звучит», опубликованное в «Медузе» 6 февраля 2017 года (URL: https://meduza.io/feature/2017/02/06/gore-ne-beskonechno-kakni-koschunstvenno-eto-zvuchit).

6 В английском переводе повесть называется «Awkward Age», букв. «Неловкий возраст». Далее в главе мы рассмотрим нюансы смысла, присутствующие в оригинале и утраченные в переводе.

он плохо учится, не имеет никаких социальных контактов, ведет себя агрессивно и демонстрирует то, что школьный психолог называет «ужасающей физической формой» — лишний вес, потливость, множество прыщей. Он поедает жуков, боится свежего воздуха и прячет себе в наволочку конфеты, пока его спальня не превращается в грязную, кишащую насекомыми берлогу. Марина, мать близнецов, цепляется за единственное возможное объяснение: должно быть, отчаянно твердит она, это «переходный возраст». Близнецам исполняется 16, и Вика, как типичный подросток, находит первую любовь на школьной дискотеке. Однако загадочным образом Вика исчезает, а вскоре за ней следует и Максим. Марина вынуждена зайти в омерзительную спальню своего сына. Там она обнаруживает его дневник.

Вторая часть повести — это выдержки из дневника Максима. Сначала мы читаем мысли маленького мальчика, написанные кривоватыми печатными буквами. Но вскоре начинает звучать другой, более зловещий голос, и все события истории предстают перед читателем в новом свете: оказывается, в теле Максима поселилась колония муравьев, и их королева хвастается, что ей удался «первый за всю историю Земли опыт по захвату человеческого тела и построения в нем Муравейника-Королевства» [Старобинец 2011: 83]. Однако тело Максима разрушается, и королева вынуждена работать над новым планом: оплодотворить Вику муравьиным семенем, для чего, в свою очередь, необходимо проанализировать ее менструальный цикл, определив лучшее время для зачатия. Далее мы узнаем жуткие детали того, что случилось с близнецами: Максим следует за Викой и ее парнем в лес, убивает парня и насилует сестру, а потом держит ее в берлоге, снабжая едой и водой, «пока не наступит срок». За хором муравьев голос Максима практически не слышен: он прорывается, только чтобы выразить ужас перед своим немыслимым преступлением. В кульминации повести Марина отчаянно бежит в лес, где находит тела своих детей. Вика, как мы выясняем, умерла, едва «выдавив из себя три больших липких яйца, висевших на пуповине, словно нелепая виноградная гроздь <...> как раз когда муравьи стали покидать безжизненное тело ее брата»

[Старобинец 2011: 94]. Двое из трех новорожденных выживают, и братья-муравьи принимаются о них заботиться. История завершается тем, как Марина — обезумевшая *mater dolorosa* — каждый день приносит в лес сладости для своих муравьиных внуков. Хотя сама королева погибла, другие муравьи продолжают жить, воплощая ее мечту о колонизации людей, чтобы таким образом продлить жизнь муравьям.

Прежде чем Марина обнаруживает дневник Максима, ей кажется, что его все более пугающее поведение и правда можно объяснить психофизиологическими процессами пубертата. «Переходный возраст» создает символическую констелляцию из «отрочества», «насекомых» и «метаморфоз», последние из которых в художественных произведениях часто идут рука об руку — самым ярким примером служит рассказ Кафки. Как пишет Мэй Беренбаум, «самым метафорически богатым аспектом жизни насекомого является метаморфоза, когда внутри неподвижной куколки ткани личинки разрываются и срастаются заново, образуя совершенно другой взрослый организм» [Berenbaum 2006: 4]. Разумеется, концепт метаморфозы активно фигурирует в связке с подростковым возрастом в различных сферах — от медицинской до литературной[7].

Утверждая эту связь, Старобинец превращает взрослеющее тело в то, что Барбара Крид называет «чудовищным телом» [Creed 1995: 127–159]. Хотя в эссе Крид речь идет о фильмах ужасов, предложенная ей интерпретационная схема отлично подходит для анализа текста Старобинец. Крид утверждает, что основной характеристикой тела в фильме ужасов является его постоянное изменение — «тело в процессе становления, метаморфоза» — описание, перекликающееся с часто используемой формулой подросткового возраста как «состояния, в котором бытие также означает становление» [Creed 1995: 148; Burt 2012: 213]. В «Переходном возрасте» тело подростка, в его трансформации и нестабильности, приравнивается к телу чудовища; автор эксплицитно приравнивает телесные изменения к проявлениям чудовищности.

---

[7]   В качестве примера из медицинской литературы см. [Krowchuk 2010: 355–357].

Добавляя ужас и отвращение к символической связи подростка, насекомого и трансформации, Старобинец создает аллегорию об ужасах, которые воспоследуют, если направить тело подростка служению некой предположительно героической цели[8].

В повести ничего не говорится о различиях между «подростковым» и «чудовищным»: прежде всего, Старобинец — как Василенко в «Дурочке» — утверждает проницаемость границы между человеком и животным. Так, в начале повести, когда Максим, уже переболевший своей загадочной болезнью, садится смотреть мультики, на него внезапно набрасывается мирный домашний кот. Мальчику приходится сделать прививку от бешенства. Нападение кота заставляет задуматься о целом спектре заболеваний, передающихся от животных человеку и влияющих как на физиологию, так и на психолого-поведенческие параметры. В русском языке слово «бешеный» связано не только с заболеванием, но и с некоторыми эмоциональными состояниями — такими, как крайняя степень гнева или ярости. Таким образом автор напоминает, что животные могут получить власть над человеком, деформировать его тело и душу — для этого им нужно нарушить целостность тела и заразить кровь. События, описанные в «Переходном возрасте», гротескным образом расширяют идею «бешенства» и инфекции, переданной от не-человека к человеку. Читатель может представить бешеного пса с пенящейся слюной; этот образ телесных выделений изо рта подсвечивает повторяющийся элемент данной истории.

На протяжении всей повести Старобинец разбрасывает намеки о проницаемости этой границы между человеческим и животным: «коровьи» глаза школьного психолога, которую Марина называет «безмозглой лягушкой», «кошачья» физиология бабушки близнецов [Старобинец 2011: 15, 17, 38]. Соединение человеческих телесных выделений с животными, подразумеваемое при заражении бешенством, позднее принимает в повести конкретную форму: по семейной легенде, отец Максима и Вики — мла-

---

[8]   О преобладании отвратительных образов в современных детских триллерах в России см. [Sergienko 2016: 184–185].

денец, родившийся одним из тройни, — пережил Вторую мировую войну благодаря «белоснежной козе с большим красивым выменем, полным молока», которая явилась на помощь его обессиленной и лишившейся молока матери [Старобинец 2011: 36]. Как напоминает нам Крид, «омерзение возникает, когда тело пересекает границу между человеческим и нечеловеческим», — границу, которая определенно несколько размывается, когда человеческого младенца выкармливает коза [Creed 1995: 136]. Начинает формироваться символическая цепочка отвратительного: от отца, выкормленного животным, до сына, колонизированного муравьями, и дочери, рожающей человеко-муравьиных гибридов.

Кроме того, Старобинец постоянно подчеркивает отвратительную физиологию Максима, тем самым создавая образ подростка-монстра. Например, когда близнецам исполняется 12, в повести упоминается, почему от Марины ушел ее любовник Витя:

> Он боится столкнуться с ее сыном. С жирным, потным, покрытым коркой угрей *существом*. Он не хочет браться за те же дверные ручки, к которым прикасались эти липкие руки, или сидеть на стуле, нагретом этой распухшей задницей. Он не хочет вспоминать, как близок был когда-то к тому, чтобы заменить этому *уродцу* отца... <Он> напряженно <пытается> понять, как могла женщина, лежащая рядом с ним, породить на свет такого отвратительного *монстра* [Старобинец 2011: 25–26] (курсив мой).

Интересно, что Витя обращает внимание на угреватую кожу Максима — признак, часто ассоциирующийся с гормональными изменениями, вызванными пубертатом. Мы также видим намек на страх заражения через физический контакт с телесными жидкостями — с пóтом или чем-то другим, из-за чего у Максима «липкие руки», с тем, что может остаться на стуле после его «распухшей задницы», — страх, заставляющий вспомнить о более раннем упоминании бешенства. Слова, относящиеся к Максиму, — «существо», «уродец», «монстр» — как бы лишают его человеческого начала. Они могут относиться к любому злодею из фильмов ужасов.

Слово «существо» в особенности стирает какое-либо различие между человеческим и нечеловеческим: то, что под ним понимается, определенно является живым, но мы ничего не знаем о его происхождении и названии. Далее в повести, когда им обоим уже 16, Вика называет своего брата «бесформенной массой» и «тупым неповоротливым уродом». До того как мы узнаем правду о его ужасающей трансформации, Максим уже выглядит омерзительным — благодаря запаху, телесным выделениям и прыщам.

Если описания физиологии Максима разрушают границу между человеческим и нечеловеческим, то примеры его поведения вызывают отвращение, способствуя этому унизительному состоянию. Ярким примером служит его обращение с едой. Если отвращение «всегда связано с границами» и служит нашей реакцией на растворение формы, то тайник с едой, который Марина обнаруживает у сына в комнате, как нельзя лучше соответствует этому определению [Matich 2009: 284–285][9]. После вскрытия подозрительно вонючей подушки ее пальцы погружаются «в мокрое, скользкое, отвратительное». Это тайник с украденными сладостями, переродившимися из неживого в нечто омерзительно живое: «Это было… вероятно, когда-то, довольно давно, это было печеньем, вафлями, шоколадными батончиками. Теперь же превратилось в один липкий вонючий комок, в котором копошились — приветливо кивая черными слепыми головками — маленькие белые черви» [Старобинец 2011: 28–29]. Спрятанные сладости превращаются из еды в червей, из отдельных объектов в «один вонючий комок». Движение от отдельности к «бесформенной массе», как описывает его Вика, подходит и к тому, что происходит с Максимом: он превращается в носителя муравьиной королевы и ее бесчисленных подданных, причем его голос и воля полностью исчезают. Мальчик-подросток становится живым муравейником — точно так же, как еда становится комком червей.

---

[9] Писательница и критик Алиса Ганиева полагает, что вся повесть построена вокруг отвращения, которое та вызывает у читателя. Она распространяет это наблюдение на бо́льшую часть произведений Старобинец, утверждая, что «протагонист, отъединяющийся от общества барьером отвращения», встречается во многих рассказах автора. См. [Ганиева 2007].

В воображаемом мире «Переходного возраста» форма способна раствориться, материя нестабильна, а трансформации вызывают отвращение[10].

Старобинец также укрепляет символическую связь между подростком и насекомым, подчеркивая у обоих повышенное отделение слюны и других жидкостей. В первой половине повести в описаниях Максима часто фигурирует слюна. Например, Марина сжимается от отвращения, когда думает, как прозвучало бы слово «мама» из «его чавкающих слюнявых губ» [Старобинец 2011: 31]. Позднее он «захлебывается слюной» [Там же: 34], а его загадочные «липкие» руки наводят на мысли о самых разных телесных выделениях [Там же: 25]. Связь подростков-мальчиков с телесными выделениями становится почти метонимической: на школьной дискотеке Вика неохотно танцует с непопулярным мальчиком, у которого, как у Максима, «слюнявые губы» и «потные руки» [Там же: 45]. Крид пишет, что «шокирующий и пугающий эффект чудовищного тела в хорроре опирается на категории телесного внутреннего и внешнего». Следовательно, особо важную роль играет рот — портал между внутренним и внешним, где «губы ведут во внутренние полости тела» [Creed 1995: 136, 151]. Повторяющийся акцент на слюне, таким образом, может намекать на ужасы, которые обитают внутри тела подростка. Беспокойство о телесных границах становится очевидным, когда вскоре после «чавкающих губ» автор в первый (но не в последний) раз упоминает муравья, проникающего в человека: «Муравей добрался до ноздри <Максима> и резко затормозил <...>. Немного помедлил и решительно нырнул внутрь» [Старобинец 2011: 31][11].

---

[10] Вскоре после злополучной прогулки по лесу Максим видит сон, в котором снова всплывает идея поедания, хотя речь не идет о еде в строгом смысле этого слова. Он описывает сон в дневнике: «очень хотелось в туалет побольшому и я сходил. А потом посмотрел и увидел что вышло чтото странное. Много малиньких светлых шариков. И тут мне очень захотелось есть и я съел несколько этих шариков» [Старобинец 2011: 70].

[11] Уна Чхаудхури утверждает, что отчасти ужас перед насекомыми обусловлен их способностью вытекать через территориальные границы, которые «мы так отчаянно защищаем», включая «кожу, границу наших тел». См. [Chaudhuri 2013: 323].

Создав метонимическую связь между отрочеством и секрецией, автор «Переходного возраста» утверждает важность слюны в мире муравьев. Слюна необходима для питания и взаимопомощи, поскольку рабочие «кормят самку и личинок выделениями своих слюнных желез» [Там же: 78]. Муравьев неудержимо влечет к себе «слюна больных людей», что объясняет таинственные ежедневные визиты Максима к умирающей бабушке. Больные и разрушающиеся человеческие тела могут поддерживать жизнь насекомых — собственно, мы видим этот процесс в гротескно-преувеличенном виде на примере Максима и колонизировавших его муравьев. Таким образом, повторяющиеся упоминания слюны и секреций активируют символическую связь между подростком и насекомым и вызываемое этой ассоциацией отвращение: человеческая форма начинает растворяться по мере того, как насекомые впитывают его выделения. Что еще страшнее, муравьи отправляются на поиск «слюны больных людей» в больницу — туда, где человек физически слаб и уязвим. Максим крадет книгу о муравьях из школьной библиотеки. Оттуда он узнает, что ради слюны муравьи могут селиться в больницах, где «насекомые прятались в вате и бинтах и во время операций расползались под скальпелем хирурга» [Там же: 80]. Образ муравьев, кишащих в операционной, готовых наброситься на человеческое тело, соскользнув с лезвия скальпеля, служит ярким воплощением тропа о нарушении границ между внутренним и внешним.

Из дневника Максима мы узнаем, как именно мальчик терял человеческие черты — как именно муравьи превращали его в носителя. Описание этого процесса у Старобинец перекликается с определенными страхами, которые представители западной культуры часто испытывают по отношению к насекомым. Например, нас пугает их «сверхплодовитость», способность воспроизводиться быстро и в ужасающих количествах. Люди живут дольше, но «эфемерность» насекомых «компенсируется» их плодовитостью [Brown 2006: xii]. Королева муравьев в «Переходном возрасте» знает о краткости своего существования: именно этим она оправдывает то, что

проникла в голову человека через ушной канал и соверши-
ла <...> там все свои кладки — с последующим расселением
потомства по всему организму. <...> Продолжительность
жизни человека значительно превышает продолжительность жизни муравья. По моему замыслу, в Человеческом
Королевстве мы могли бы прожить не 8–10 лет, а гораздо
дольше: 20, может быть, 30, включившись в жизненный цикл
человека [Старобинец 2011: 83].

Таким образом, она использует свою «сверхплодовитость»,
чтобы обратить себе на пользу человеческое долголетие. Способность насекомых к размножению, превосходящая таковую у человека, угрожает нашему положению на верхней ступени эволю-
ционной лестницы, с которой мы якобы доминируем над
остальными формами жизни [Там же: xii]. В «Переходном возрасте» реализуется этот страх перед превосходством насекомых —
муравьям удается колонизировать Максима и оплодотворить
Вику. В конце повести двум муравьино-человеческим гибридам
удается выжить, и, видимо, их история продолжится — не зря
последняя глава называется «Первый год»[12]. Любопытно, что эти
существа пережили своих человеческих родителей, чьи трупы
Марина обнаруживает в норе в лесу. Старобинец описывает их
как «опустевшие» — это слово подчеркивает масштаб победы
муравьев над близнецами-подростками. Растущее человеческое
тело было полностью лишено ресурсов. Оказалось, что ему не
под силу сражаться с тысячами или даже миллионами муравьев,
направивших свою репродуктивную силу на благо собственного
коллективного будущего[13].

Прежде чем одержать над Максимом физическую победу,
муравьи побеждают его в сфере языка: подчиняют себе его
дневник. Одной из особенностей «поэтики насекомых» в западной культуре является тревога по поводу границ языка. Нас
беспокоит «радикальная автономность» насекомых — ведь мы

---

[12] Названия остальных глав соответствуют возрасту Вики и Максима («8», «12»,
«16», и т. д.).

[13] См. [Coutts 2006: 299].

не можем их контролировать, — но таким же тревожащим выглядит тот факт, что мы не в состоянии их всех назвать. Множественность насекомых превосходит возможности человеческого языка по отношению к категоризации, таксономического порядка, наброшенного на то, что кажется хаосом мира беспозвоночных [Brown 2006: xii–xiii].

Старобинец выдвигает это беспокойство по поводу неадекватности человеческого языка в качестве основополагающего смыслового элемента «Переходного возраста». Во второй половине истории бо́льшая часть драматического напряжения исходит из борьбы между голосами муравьев и голосом настоящего Максима. Ранние записи в дневнике сделаны еще до появления насекомых, и за ними вырисовывается симпатичный ребенок. Но понемногу в нарратив вторгаются муравьи. Их грамматическая точность и богатый словарный запас контрастируют с ошибками и простыми словами, которыми характеризуются записи Максима. Мальчик понимает, что теряет собственное я: «Это очень важно. Пока я это помню. Я — Максим. Я учусь в четвертом классе. <...> Меня зовут Максим. Мне десять лет. Они не дают мне...» [Старобинец 2011: 92]. Мы видим, что муравьи захватывают власть: сначала дневник ведется от первого лица, потом от третьего — «ему 11», «ему 12» и т. д. Время от времени Максим прорывается на поверхность, и это придает истории особую остроту, потому что и он сам понемногу начинает разделять верность муравьиной королеве:

> Меня уже почти не осталось. Их очень много во мне. <...> Иногда я отчетливо слышу ее голос. Голос Королевы, которая ими управляет. И мной тоже. У нее приятный голос. <...> Сейчас я уже не вижу в этом ничего плохого. Наоборот, мой долг — защищать Королеву [Старобинец 2011: 75].

В ужасающей кульминации повести — в момент, когда Максим насилует Вику, — его голос прорывается снова, и это делает историю еще более пугающей. Читателя могла бы немного успокоить мысль, что Максим уже исчез как разумное, мыслящее существо. Однако Старобинец лишает нас этого утешения: от Максима осталось достаточно человечности и морали, чтобы издать эти жуткие восклицания: «Господи, что я сделал! Моя сестра! Это же моя...» [Там же: 92].

По мере того как Максим исчезает в физическом и вербальном смысле, его гендерная идентичность также становится более текучей, что напоминает о страхе растворения маскулинности, возникшем в СССР в послевоенные годы. С эпохи модерна, самое меньшее, в литературных воплощениях муравьев и муравьиной королевы сквозит страх перед «феминизацией» и потерей гендерной устойчивости. Писатели начала XX века, например Морис Метерлинк и Э. М. Фостер, создавали работы, где «присутствие центральной женской фигуры, напоминающей муравьиную королеву, показывает, что механизации или антификация общества рассматривались как процесс феминизации» [Sleigh 2006: 292–293]. Современность поставила под угрозу маскулинность и вирильность мужчин, которые рискуют превратиться в простых рабочих муравьев, вкалывающих в «гигантском механизме индустриального общества». Рядом с чудовищной королевой, без устали порождающей все новых отпрысков, мужские особи выглядят рабски покорными, лишенными половых признаков и до гротескного слабыми: «Король <...> потрепанный, мелкий, жалкий, напуганный, боязливый, вечно прячется под королевой. <...> Тысячи почитателей непрерывно лижут и гладят этого монстра»[14]. Итак, для писателей начала XX века царство насекомых в целом и муравьиная королева в частности воплощают страх перед надвигающейся современностью: утратой автономности, уничтожением деятельного начала и связанной с этим феминизации мужского населения[15].

Описывая постепенное завоевание Максима муравьями, Старобинец тоже подчеркивает его набирающую обороты феминизацию. Например, когда близнецам десять лет, их учительница приглашает Марину обсудить пугающее поведение мальчика — так,

[14] Морис Метерлинк, цит. по: [Sleigh 2006: 289].

[15] В начале XX века американцы очень беспокоились о том, чтобы их сыновья выросли настоящими мужчинами. См. [Kidd 2004: 60].

он пообещал, что «задушит и зароет в лесу» своего одноклассника Лешу. В последующем так и случится, потому что шесть лет спустя тот станет парнем Вики. Учительнице, которая пытается сделать ему выговор, Максим загадочно отвечает: «Мне все можно, потому что я королева». Марину пугает эта формулировка, но учительница только спрашивает: «А вы думаете, если бы он сказал "король", это бы все прояснило?» [Старобинец 2011: 20–21]. Описание Максима с точки зрения Марининого любовника тоже подчеркивает аспекты, которые можно счесть феминными, — например, «распухшая задница». Характерно, что в русском языке слово «задница» женского рода.

Во второй части повести мы видим еще более очевидные образы гендерной флюидности. Сразу после злополучной прогулки в лесу он описывает в дневнике свой страшный сон: «Сначала снилось что, я летаю и было очень приятно. А потом поевились огромные птицы и стали за мной гонятся. Они хотели меня сьесть». В следующей записи он раскрывает еще одну подробность, которую поначалу пытался утаить: «На самом деле я ни всю правду расказал про этот сон. <...> Когда мне снилось что я летал я был как бы девочкой. И на мне даже было надето платье похожее как у Вики». Максим понимает, что в этом превращении нет ничего хорошего, и поэтому сначала решает его не описывать. Ясно, что кошмар устанавливает связь между гендерной нестабильностью и вторжением муравьев в его организм: этот сон снится Максиму сразу после прогулки в лесу, и кроме того, его платье во сне, в отличие от Викиного, было черным, «и прямо из этого платья росли большие прозрачные крылья» [Там же: 64]. Через несколько недель сон возвращается: «Мне опять снилось что, я девочка. И у меня есть большие прозрачные крылья». В этом сне соединяются две трансформации — в насекомое и в девочку, — что вызывает у Максима стыд и отчаянные попытки вернуть себе изначальный телесный и гендерный статус: «Но мне не хотелось чтобы кто-то их видел поэтому, я сам их себе отрывал руками. И это было очень больно, хуже чем, уши. Маме не скажу» [Там же: 66].

Несколько страниц спустя со страниц дневника впервые звучит голос королевы, воплощающий в себе женское присутствие, предсказанное снами Максима. Ее первая запись напоминает о пугающей связи рождения и смерти: «Вчера я родила своих первых детей. Съела трех. Нужны были силы» [Там же: 68]. В этот момент повествования, однако, истинная природа заболевания Максима еще не ясна, и читатель не до конца понимает, кто кого родил. Двойственность, связанная с этим повествованием от первого лица, наводит на мысли о *куваде*, мужчине-матери — этот образ, по Крид, представляет собой один из ключевых и широко распространенных мотивов в фильмах ужасов. Тема рождения часто связывается с чудовищностью. Когда это качество переходит к особи мужского рода, нарушается гендерный порядок вещей и в целом «мир полностью переворачивается» [Creed 1995: 133]. Максим, разумеется, становится носителем колонии муравьев и в каком-то смысле их матерью. В завершающих сценах повести мы видим еще один жуткий пример того, как рождение связано со смертью: в тот же момент, когда Вика «выдавливает из себя» своих муравьино-человеческих детей и умирает, Максим тоже гибнет, и муравьи покидают его безжизненное тело. «Тысячи, тысячи» насекомых выбираются из его тела сквозь все отверстия, тем самым подчеркивая мотив *кувады* [Старобинец 2011: 94]. И девочка, и мальчик рожают нечто чудовищное и неестественное, преодолевая нормальные ограничения, которым подчиняются телесные функции в соответствии с законами биологического пола. Марина обнаруживает, что в смерти признаки пола, которые раньше отличали Максима от Вики, как будто бы исчезают: «Ее сын и дочь лежали перед ней — неподвижные и опустевшие. Теперь они снова обрели свою первозданную похожесть: кожа одинакового бледно-землистого цвета, толстые животы, беспомощно уткнувшиеся в землю» [Там же: 95–96]. «Толстые животы» перекликаются с более ранним упоминанием «распухшей задницы» Максима. Описывая его труп, автор разрешает проблему гендера, с которой связана сюжетная арка этого героя: по мере того как муравьи превращают его в носителя и невольную «мать», Максим сначала феминизируется, а потом лишается пола. Такое развитие истории подчеркивает связь между подростковым возрастом, метаморфозой и кошмаром, красной линией проходящую через всю повесть, еще крепче соединяя тело подростка с «чудовищным телом».

На английский язык название повести переведено как «An Awkward Age» («Неловкий возраст»), и в нем отсутствует чувство движения, пересечения границ и порогов, характерное для русского оригинала. Русское название более эффективно доносит до читателя динамическую суть этой истории — физиологический путь мальчика от одной точки к другой, трансформацию, которая приобретает ужасающие и фантастические очертания. «Переходный возраст» — это история о переходе, происходящем ужасающе неправильно; прежде всего потому, что Максим колонизируется муравьями, но также потому, что он теряет свою маскулинность. Выражаясь более точно, он не достигает уровня маскулинности, предписываемого ему гетеронормативным обществом. В этом отношении повесть Старобинец бросает вызов основному культурному нарративу, часто звучащему в историях о взрослении, где «стать субъектом означает сместиться с одной стороны дихотомии на другую: от ребенка к взрослому, от феминности к маскулинности, от объекта отвращения к просто объекту, от просто объекта к субъекту». Максиму так и не удается совершить ни один из этих переходов, «оставить феминность позади» [Wannamaker 2008: 31, 72]. Муравьиная королева оказывается умнее и хитрее, и она берет над ним верх, напоминая читателю о страхах начала XX века, связанных с насекомыми и тем, какую символическую угрозу маскулинности они представляют, — страхах, характерных и для послевоенного советского общества.

Муравьи мечтают о социальной трансформации, невольно делая Максима и Вику своими жертвами. В речи, обращенной к своим преданным подданным, королева призывает их трудиться на благо светлого будущего: «...Поэтому мы должны приложить все силы к тому, чтобы осуществить наш Новый План. <...> Только по-настоящему объединившись, только развиваясь вместе с самого начала, <...> мы сможем добиться своего. Даешь увеличение продолжительности жизни до 80 лет! Даешь порождение новой, идеальной цивилизации! Друзья мои! Дети мои! Мы сделаем это вместе» [Старобинец 2011: 85–86]. Обещанное будущее материализуется лишь тогда, когда индивид откажется от собственных желаний ради блага коллектива. Максим тоже чувствует, что муравьиное общество требует уничтожения «я» ради некоей абстрактной цели: «Меня уже почти не осталось. Когда меня не станет совсем, я узнаю их цель» [Там же: 75]. Эта риторика, конечно, резонирует с той, что лежала в основе советского проекта, в особенности в ранние годы его существования. Действительно, критики интерпретировали повесть Старобинец как «антиутопию», предостерегающую от опасностей коллективизма[16]. Повесть и вправду содержит элементы, пародирующие советское общество: например, когда королева приказывает своим подданным вести дневник, потому что это «упорядочивает мысли» [Старобинец 2011: 71], — и его зачастую абсурдную бюрократию, как в цитате из «отчета НКПВЖ — Научного Королевского Подразделения "Вместе — Жизнь"» [Там же: 86–87].

«Переходный возраст» определенно можно прочесть как притчу о потере индивидуальности в тоталитарном обществе и о зверствах, совершаемых во имя абстрактного будущего. Однако при этом повесть остается аллегорией об ужасах героизма, навязываемого подростку, о превращении тинейджеров в священные жертвы. Максим и Вика против воли жертвуют своими телами для строительства «новой идеальной цивилизации» муравьев. В отличие от прекрасного в смерти тела Зои Космодемьянской, трупы близнецов не занимают место в пространстве трансцендентного. Вместо безупречных тел мертвых подростков мы видим два изуродованных трупа, в буквальном смысле брошенных в землю и оставленных разлагаться в норе в лесу. Это тела из фильма ужасов, лишенные человеческих признаков и сведенные до органической материи и отходов [Creed 1995: 146]. Как и в финале «Дурочки», мы видим здесь героиню-подростка в сцене фантастических, невероятных родов. Оба этих неправдоподобных рождения — творческие, хотя и по-разному: Ганна-Надька рождает солнце, спасая мир от ядерной катастрофы, а Вика производит на свет живые организмы нового типа, гибри-

---

[16] См., например, [Лебедушкина 2008].

ды человека и муравья, жутким образом размывающие границу между «человеком» и «существом» [Там же: 145]. Соединяя «чудовищное тело» с телом подростка, автор «Переходного возраста» отрицает возможность трансценденции и мифологизации. Тела подростков, утверждается в повести, могут быть выжаты досуха и выброшены к другим биологическим отходам — но никогда им не занять места на символическом пьедестале рядом с Зоей, Ганной-Надькой или Алисой у Меликян.

Жестокая дружба

В фильме Марины Любаковой «Жестокость» (2007) не содержится сцен фантастической метаморфозы или поединков между людьми и насекомыми. Здесь нарратив разворачивается в куда более реалистичной манере. И все же мы можем провести очевидную параллель с «Переходным возрастом» Старобинец: Любакова также исследует динамику отношений между захватчиком и носителем, показывая, как под натиском первого второй в конце концов исчезает. Если в «Переходном возрасте» близнецы-подростки становятся невинными жертвами королевы муравьев, то в «Жестокости» роль коварного злодея достается юной девушке, которая разрушает жизнь взрослой женщины.

Конечно, кинематографическое изображение подростка-манипулятора вряд ли уникально: его можно обнаружить в таких фильмах эпохи перестройки, как «Пугало» (1983), «Плюмбум, или Опасная игра» (1986) и «Дорогая Елена Сергеевна» (1988). После премьеры «Жестокости» на главном кинофестивале России «Кинотавр» критики часто сравнивали этот фильм с «Плюмбумом» Вадима Абдрашитова, где действия главного героя — самодовольного и беспощадного 14-летнего мальчика — приводят к смерти его одноклассницы[17]. Примерно в то же время, что

---

[17] Более подробно о появлении «опасного, неконтролируемого и бунтующего подростка» в советском кино см. [Klimova 2013: 305–308]. О сравнении с «Плюмбумом» см. статью Ирины Любарской «Рецензия на фильм "Жестокость"», опубликованную на сайте «Film.ru» 4 декабря 2007 года (URL: https://www.film.ru/articles/devochka-vika-na-kryshe-sidela).

и «Жестокость», вышло несколько других фильмов, в которых фигурировали агрессивные или трудные подростки — например, «Все умрут, а я останусь» (2008) Валерии Гай Германики (мы поговорим об этом авторе подробнее в главе 4), «Муха» (2008) Владимира Котта, «Скажи_Лео» (2008) Леонида Рыбакова, «Сынок» (2009) Ларисы Садиловой и «Я» (2009) Игоря Волошина. В этих работах подростки решительно отвергают ценности, проповедуемые взрослыми, практикуя трансгрессивное поведение, которое варьируется от поджога до угона автомобилей или виртуального секса с незнакомцами. Аналогичным образом документальный фильм «Девственность» (2008) Виталия Манского рассказывает о трех провинциальных девушках, приехавших в Москву и готовых продать себя: их история звучит как предупреждение против вторжения рыночных ценностей во все области человеческого опыта. Продюсер «Жестокости», знаменитый режиссер Павел Лунгин, описывает фильм Любаковой как необходимый противовес «современному подхалимскому отношению к молодежи», как попытку показать, насколько невыносимыми и порочными бывают подростки — открытие, к которому очевидно стремились авторы многих других российских фильмов той же эпохи[18].

«Жестокость» заслуживает особого внимания: здесь персонаж-подросток обладает способностью вызывать у других людей иррациональную веру, что она их спасет и что она выполняет ту самую роль, о которой говорилось в предыдущей главе. Жертвой этой веры становится взрослая женщина. Но в отличие от рассмотренных ранее работ, «Жестокость» обнажает фальшивость и опасность такого убеждения: мы видим, к каким ужасающим последствиям приходит героиня, принявшая девочку-подростка за источник искренности, смысла и обновления.

«Жестокость» — дебют Марины Любаковой, ранее известной как документалистка. Премьера фильма состоялась на московском «Кинотавре» в 2007 году. Помимо ветерана режиссуры Лунгина, ставшего продюсером, в съемках приняла участие одна

---

[18] Цит. по: [Кузьмина 2008].

из крупнейших звезд российского кино Рената Литвинова, чьим присутствием в определенной степени объясняется тот факт, что «Жестокость» оказалась для СМИ и публики куда интереснее, чем перечисленные выше фильмы на похожую тематику. Как минимум один критик назвал Литвинову спасительницей этой истории, утверждая, что ее игра вывела «Жестокость» за пределы жанра «проблемных подростков»[19]. Авторами сценария были Марина Любакова и Денис Родимин, сценарист нашумевшего «Бумера» (2003). «Жестокость», которую часто называют российским ответом «Тельме и Луизе» (1991), рассказывает историю Вики (Анна Бегунова), «юной бунтарки» — типичный образ, возникший в американском кино в середине 90-х [Richards 2015: 42–61]. Вика — непокорная и острая на язык дочь матери-одиночки. Она крадет фотоаппарат у бросившего ее парня и принимается шпионить за жильцами соседней многоэтажки. Выяснив в какой-то момент, что женатый сосед завел себе любовницу Зою (Рената Литвинова), пытается шантажировать его фотографиями[20]. В ответ он посылает двух головорезов, которые избивают ее и едва ли не насилуют, что побуждает Вику разыскать Зою и использовать ее для мести. Зоя — элегантная и успешная женщина, начальница юридического отдела, однако одинокая, — оказывается уязвимой для Вики. Поначалу она сопротивляется, но постепенно принимает катарсическую разрядку через насилие, предлагаемое Викой. Вдвоем они угоняют и уничтожают машину ее любовника, сжигают его дачу, осуществляют другие легкомысленные акты вандализма и становятся преступницами, которых разыскивает милиция. В этот момент «Жестокость» довольно близко соответствует определению «фильма о политической дружбе», поджанра «фильма о женской дружбе», как его определяет Карен Холлингер. Подобно Тельме и Луизе, Вика и Зоя

---

[19] См. материал Дарьи Горячевой «Увидеть Литвинову и уйти в даун: "Жестокость" Марины Любаковой», опубликованный на сайте «Gazeta.ru» 4 декабря 2007 года (URL: https://www.gazeta.ru/culture/2007/12/04/a_2383241.shtml).

[20] Поскольку Зоя — это обычное русское имя, между героиней фильма Любаковой и Зоей Космодемьянской не прослеживается никакой связи.

«получают способность к действию вопреки традиционным представлениям, соединяющим деятельность и маскулинность», и также «представляются внешнему миру нарушительницами закона, бросающими вызов мужчинам, которые контролируют общественные пространства». Если героини американского фильма сближаются на почве пережитого насилия и «восстают против общества, не защитившего их от жестокости мужчин», то Вика и Зоя бунтуют против социума, позволяющего мужчинам безнаказанно лгать и заводить множество сексуальных партнеров [Hollinger 1998: 122][21].

Однако в кульминации фильма Вика предает Зою — а вместе с ней и условности «фильма о политической женской дружбе», где героиням полагается навеки оставаться вместе и ни в чем не раскаиваться [Ibid.: 124]. Во время кражи у бывшего работодателя Зои Вика исчезает с деньгами и оставляет бывшую подругу разбираться с милицией, перед этим признавшись, что все рассказы о ее любовнике — что он якобы спал с другими девушками и манипулировал ею с самого начала — были неправдой. Так «Жестокость» перемещается в другой жанр и становится «фильмом о невозможности женской дружбы», где «деструктивные отношения <...> высмеивают саму вероятность того, что между женщинами может возникнуть верность и симпатия» [Ibid.: 207][22]. В конце фильма мы видим Зою в тюремной косынке, бредущую среди других женщин-заключенных, одетых в серое. Между тем Вика успевает преобразиться — из мешковатого, андрогинного подростка она превращается в модно одетую и причесанную *femme fatale*, идущую с улыбкой по московской улице.

«Жестокость» вышла на экраны в том же году, что и «Русалка», и зритель может отметить ряд поразительных сходств. Во-первых,

[21] По Холлингер, связь между женской дружбой и насилием прослеживается в кино с начала 90-х годов; см. [Hollinger 1998: ch. 4].

[22] Холлингер определяет «фильм против женской дружбы» как «краткосрочный ответ на политически проблемную связь между женской дружбой и насилием, сложившуюся благодаря таким фильмам, как "Тельма и Луиза"» [Hollinger 1998: 242].

девочки-героини физически похожи друг на друга: как и Алиса, Вика носит плохо сидящую, мешковатую одежду и кроссовки, а также не пользуется косметикой и любыми другими атрибутами, которые указывают на принятие «телеологии женственности», если еще раз воспользоваться определением Стивена Берта [Burt 2012: 213]. Когда Зоя спрашивает Вику, кем она хочет быть — мальчиком или девочкой, — Вика отвечает, что пока не решила. Кажется, что Вика, как и Алиса, отвергает идеал той невозможно красивой, сверхфеминной россиянки, навязываемой рекламными плакатами и книгами для девочек, который в фильме воплощает Зоя (рис. 5). Как и героиня Меликян, изначально она отказывается «погружаться в сексуальную видимость», характерную для девочки-подростка в массовом культурном сознании. Вместо этого она рассчитывает на собственную силу и стойкость в достижении целей [Там же: 16].

Если вознесение Алисы на небосвод рекламного билборда заставляет предположить, что возможен и другой идеал красоты, то сюжетная линия Вики в «Жестокости», напротив, закрывает такую возможность. Ключевой момент происходит ближе к концу фильма, когда Вика тайком пробирается в квартиру Зои. Сначала она, практикуя стереотипное поведение, принимает роскошную ванну с пеной. Лаконичная современная квартира Зои резко контрастирует со старомодным и потрепанным обиталищем Вики, где ее мать постоянно пытается навести порядок. Камера задерживается на лице Вики крупным планом: мы видим, как она осторожно наносит блеск для губ и тушь. Далее, в облегающем черном платье и на высоких каблуках, она смотрится в зеркало, и мы видим, с каким восторгом она обнаруживает собственную гламурность и сексуальность. Как пишет Ольга Климова, «Камера фокусируется на теле Вики, ее отражении в зеркале и ее лице, превращая ее в сексуализированный объект для вуайеристского взгляда зрителя» [Klimova 2008]. Кинематографические элементы этой сцены — мизансцена, кадрирование, джазовая музыка за кадром — подчеркивают, с какой готовностью Вика принимает «телеологии женственности», от которой она ранее столь решительно отказывалась.

Рис. 5. Зоя (Рената Литвинова) и Вика (Анна Бегунова).
«Жестокость». Реж. Марина Любакова. «Студия Павла Лунгина»
и BFG Media Production, 2007.

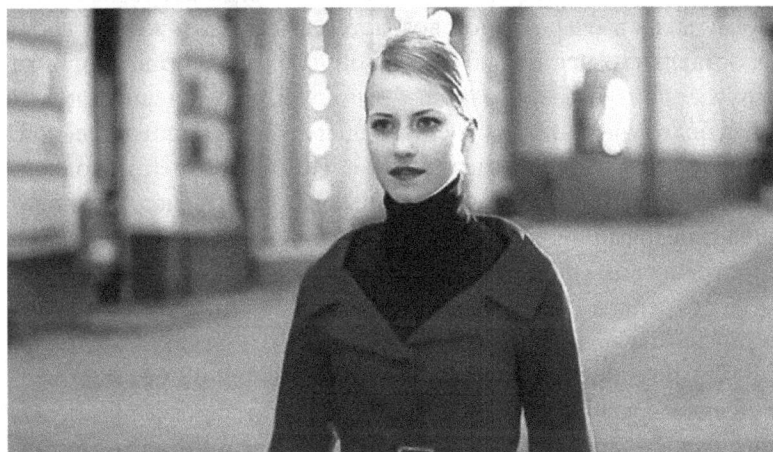

Рис. 6. Торжествующая Вика. «Жестокость». Реж. Марина Любакова.
«Студия Павла Лунгина» и BFG Media Production, 2007.

Финальные кадры фильма явным образом отсылают к более ранней сцене в квартире Зои, где преображение Вики достигает апофеоза. Высокие каблуки, черное платье, темно-красная помада вместо прозрачного блеска — все сигнализирует о том, что девушка полностью приняла сексуализированную силу, которой ее наделяет общество. Примечательно, что Зоя, в отличие от Вики, к концу фильма, напротив, лишается признаков феминности: ее лицо без макияжа кажется бледным на фоне темной грубой тюремной робы. Ее новый образ максимально далек от того, какой Зоя была в начале фильма — каблуки-шпильки, дорогие костюмы, безупречный макияж и укладка. Это преображение тоже становится высшей точкой некоего процесса: под влиянием Вики Зоя не только становится все более отчаянной, но и приобретает с ней внешнее сходство: надевает такую же вязаную шапочку и мешковатую куртку и меняет каблуки на кроссовки. Так Вика поглощает женственность, от которой постепенно отказывается Зоя, и занимает ее место, лишая ее работы, денег, квартиры и свободы. В метафорическом смысле она делает то же самое, что муравьи в «Переходном возрасте»: высасывает жертву досуха, оставляя от нее только пустую оболочку. Высосав Зою, Вика получает доступ к ее образу жизни; по сути, она становится новой Зоей, более уверенной в себе, знающей жизнь, самостоятельной. Этот контраст подчеркивается уверенной, текучей походкой, которой Вика идет в заключительных кадрах, тем, как она покачивает бедрами и как уверенно распоряжается окружающим ее пространством (рис. 6).

Место действия — броская, отчужденная, гиперконсюмеристская Москва — также наводит на мысли о «Русалке» Меликян. С рекламных щитов смотрят гламурные женщины, рекламирующие ярко-красную помаду; в кадре мелькают дорогие иномарки; повсюду возвышаются небоскребы из стекла и металла. Примечательную параллель можно увидеть в плакате с надписью «Москва занята бизнесом», который висит за спиной у Вики на автобусной остановке. Он перекликается с вездесущими билбордами, мимо которых идет Алиса, блуждая по городу: «Все в твоих руках» и «Победитель забирает все», — наводящих на мысль о дарвиновской атмосфере конкуренции на капиталистическом рынке, на фоне которой и развиваются сюжеты обоих фильмов. И в «Русалке», и в «Жестокости» подчеркивается атомизация жителей Москвы, что наиболее ярко подчеркивается фигурой Алисы, затянутой в пенопластовый костюм сотового телефона. Она смотрит наружу сквозь узкую щель, однако ее лицо и тело остаются скрытыми, обрекая на анонимность и нехватку человеческого общения. Вика аналогичным образом представлена отчужденной, что лишь подчеркивается ее физической сепарацией. При любой возможности она сбегает в самодельное уединенное убежище на крыше своей многоэтажки, а первый же диалог с ее участием разыгрывается через запертую дверь ванной.

Как и Алиса в костюме телефона, Вика также переживает реальность через фильтр. В первых кадрах фильма появляется ее фотоаппарат и то, что она видит через видоискатель. Во время открывающих титров мы слышим постоянные щелчки затвора: очевидно, что фотоаппарат и появляющаяся благодаря ему перспектива сыграют важную роль в сюжете. Пока Вика шпионит за соседями, фотоаппарат одновременно подчеркивает и смягчает ее одиночество. С помощью зума она наблюдает интимность, из которой исключена, и благодаря пленке получает возможность сохранить, при желании распространить и контролировать эту интимность. Именно ее неудачная попытка шантажировать неверного мужа этими фотографиями — «заняться бизнесом», приняв к сведению, что «все зависит от нее», как утверждает надпись с другого плаката из «Русалки», — в конце концов разрушает Зое жизнь.

В обоих фильмах действие разворачивается на фоне Москвы с ее поверхностной красотой, погруженной в капиталистическую гонку. Обе героини, как кажется, предлагают противоядие от этой поверхностности. Алиса выступает катализатором разрушения любых подобных фасадов и обещает преодолеть капиталистическую корысть, — это кристаллизует слоган на билборде с лунной девушкой: «Луна для всех». И хотя Вика куда агрессивнее и острее на язык, чем Алиса, в ней тоже ощущается искренность и спонтанность — качества, которые привлекают Зою и могут вызвать сочувствие у зрителя. Встретившись с Викиной матерью, Зоя признается, что до встречи с Викой у нее «ничего не было настоящего, и ваша дочь мне это показала, спасибо ей». Иными словами, Зоя ошибочно решает, что Вика поможет ей освободиться от фальши предыдущей жизни, и тот постепенный отказ от феминности, который происходит с ней на протяжении всего фильма, представляется ей освобождением. Как бывает в других фильмах, посвященных женской дружбе, отношения с Викой становятся для Зои «двигателем самопознания» — или она так думает [Hollinger 1998: 15]. В каком-то смысле Зоя ищет Алису, девушку-подростка, которая воплотила бы в себе нечто противоположное московской сухости и фальши. Но доверяясь этой фантазии, она становится жертвой умелой манипуляторши: вместо искренности Вика предлагает ей умелую ложь.

В последнем диалоге, когда Вика открывает Зое правду, происходит столкновение между двумя противоположными мифологиями российской женственности. Пока Вика нежно поглаживает пачки денег, с которыми собирается убежать, Зоя превращается в благородную, жертвующую собой, «до ужаса идеальную» женщину-мать и заявляет: «Мне эти деньги не нужны. Я все это делаю только ради тебя. Мне эти деньги не нужны, не нужны мне эти деньги! Понимаешь? У меня же кроме тебя никого нет. И я хочу, чтобы ты взяла эти деньги и была счастлива» [Heldt 1987]. Раз за разом Зоя провозглашает свою готовность нарушить закон и рискнуть свободой, лишь бы удовлетворить желания своей юной подруги. Вплоть до этого момента отношения двух женщин примерно соответствуют канону женской дружбы, сложившемуся в XIX веке в трудах таких писателей, как Лев Толстой, — этакий бастион устойчивости и идеализма посреди социальной нестабильности [Moss 2019]. Конечно, аналогию усложняет тот факт, что эти две подруги уничтожают чужое имущество и прибегают к насилию. Однако искренние чувства Зои, ее уязвимость и готовность пренебречь своими интересами резко противоречат циничному индивидуализму города, «занятого бизнесом». Представляя себя способной к самопожертвованию, Зоя пытается реализовать ту часть женского потенциала, в которой русские авторы XIX века видели противоядие от «болезней модернизации и индивидуализма» [Ibid.: 2].

Ответ Вики бесцеремонно и однозначно сводит эту попытку на нет. Она воспевает радикальный индивидуализм, высмеивая идеалы жертвующей собой матери и благородной женской дружбы: «Мне не нужна еще одна мамочка. Извини, но у меня были другие планы. Я хочу жить только для себя». Ее холодная, уклончивая манера, та небрежность, с которой она предает Зою, заставляют вспомнить другую версию новой российской женственности — ту, которую современная петербургская художница Даша Фурсей скорбно называет «прагматичной молодой женщиной». Такая женщина ценит деньги и полезные связи. Если женская дружба в кино служит «двигателем самопознания», то Вика отвергает эту возможность ради абсолютной самодостаточности.

Сама сцена этого диалога построена таким образом, чтобы подчеркнуть их физическое разделение и смену власти. Камера быстро переключается от крупного плана Вики — та наслаждается каждым словом своей исповеди — на средний план Зои, снятой сзади, и мы видим, как Зоя напрасно пытается открыть запертую дверь. Неподвижность Вики противопоставлена отчаянным, сумасбродным движениям Зои: девушка одержала верх над своей более взрослой подругой. Зритель невольно вспоминает одну из первых сцен фильма, где Вика запирается в ванной, пока ее бывший парень — который утверждает, что она знала, что у него есть другая, и поэтому ни на что рассчитывать не могла, — напрасно пытается получить назад свой фотоаппарат. Он отчаянно молотит в дверь кулаками, стараясь проникнуть сквозь воздвигнутый Викой барьер, и это перекликается с попытками Зои вырваться на свободу. В первой сцене, однако, Вика выглядит скорее уязвимой, чем доминирующей: камера показывает средним планом, как она обхватывает себя за колени и покачивается туда-сюда. Хоть она и украла камеру, Вика здесь предстает слабейшей стороной — и эту роль она позднее отводит Зое.

Изображая Вику торжествующей хищницей, а не слабой добычей, авторы фильма создают связь между юной героиней и движением в будущее. Вика успешно перемещает взрослую

Рис. 7. Женская общность в страдании. «Жестокость». Реж. Марина Любакова. «Студия Павла Лунгина» и BFG Media Production, 2007.

женщину, которая о ней заботилась и от нее зависела, в другое время и место, очевидным образом связанное с прошлым России. Холодность Вики к Зое вызвана однозначным отторжением тех самых, якобы вечных ценностей — таких, как сочувствие, милосердие и любовь, — о которых мы говорили в главе 1. В «Жестокости» эти идеалы предстают анахроничным препятствием на пути к успеху. Марина Любакова выражает близкую идею, отмечая, что «два женских персонажа в фильме представляют две разные эпохи» и что холодность и эгоистичность Вики объясняются жестокостью, с которой она сталкивалась, пока росла[23]. Последний раз Зоя Литвинова появляется на экране в окружении других заключенных, лишенная любых признаков современности. Анонимные женщины в одинаковых платках, черных ботинках и грубых телогрейках могут быть узницами Мертвого дома Достоевского — или сталинского ГУЛАГа; могут жить в XIX, XX или XXI столетии. Вика заявляет, что хочет жить только для

---

[23] Цит. по статье Никиты Карцева «Литвинова изобразила жертву», опубликованной в «Московском комсомольце» 30 августа 2007 года.

себя, и ее предательство отправляет Зою в другой коллектив — в сообщество страдающих, которое Анна Ахматова (1889–1966) воспела в знаменитой поэме «Реквием», посвященной женщинам, ждавшим вместе с ней многие часы у ворот ленинградской тюрьмы в 30-е годы [Ахматова 2008: 399–408]. Зоя обречена искать утешения среди женщин, объединенных общей скорбью, а Вика между тем наслаждается своей независимостью и недавно обретенной сексуальностью, недвусмысленно отвергая единство ради индивидуализма. Зоя исчезает в толпе женщин, и четвертая стена на мгновение разрушается — потому что прежде, чем выйти из кадра, она смотрит прямо в камеру (рис. 7). Глубокий фокус позволяет зрителю одновременно увидеть множество изможденных женских лиц, и это подчеркивает обыкновенность Зои. Вика, напротив, доминирует в кадре, и камера следует за ней. Будущее определенно принадлежит Вике, всецело разделяющей ценности себялюбия и материализма[24].

О мучениках и убийцах

Если в российских фильмах конца нулевых часто говорится о трудных подростках-манипуляторах, то к середине десятых мы все чаще видим подростков, способных на серьезные аморальные поступки и даже на убийство. Вспомним, например, героиню дебютного фильма Наталии Мещаниновой «Комбинат "Надежда"» (2014) 17-летнюю Свету, которая отчаянно хочет сбежать из родного Норильска; она равнодушно топит ту, кого считает своей соперницей в любви, крадет деньги у своего брата и сбегает в Москву. В «Классе коррекции» (2014) Иван Твердовский кинематографически переизобретает душераздирающий роман Екатерины Мурашовой о группе подростков с инвалидностью из Санкт-Петербурга, которые жестоко избивают и практически насилуют

---

[24] Климова утверждает, что «Вика представляет новое поколение молодых людей, которые легко адаптировались к меняющимся экономическим условиям современной Москвы и выиграли у предыдущего поколения битву за финансовую власть». См. [Klimova 2008].

параллизованную девушку. В «Дачниках» (2016) Александра Вартанова — российской версии «Прирожденных убийц» — юные лю-
бовники сбегают в домик в лесу, убивая всех, кто пытается нарушить
эту идиллию, и число их жертв достигает гротескных величин[25].

Тема подростков-убийц в кино возникает на фоне нового соци-
ально-исторического контекста, который значительно изменился
с 2007 года, когда вышла «Жестокость». После возвращения Путина на пост президента в 2012 году в России стала усиливаться атмосфера авторитарности, что хорошо заметно по подавлению
протестов на Болотной площади в мае 2012 года. Аннексия Крыма
в 2014 году становится символом перехода к агрессивной внешней
политике и нарастанию националистического дискурса внутри
страны. На культурном фронте были приняты законы, запрещаю-
щие «пропаганду нетрадиционных сексуальных отношений» (2013)
и использование нецензурной лексики в театре и кино (2014). Все
это способствовало «усилению напряжения между художниками
и государством» [Flynn 2020: 161]. Иссякла поддержка, которой
в годы медведевского правления (2008–2012) пользовались проек-
ты, связанные с модернизацией культуры и поиском новых форм.
Что еще страшнее, театры — например, московский Театр.doc —
и отдельные артисты столкнулись с различными формами преследования [Hanukai, Weygandt 2019: xxix]. Примером непростой
судьбы художника в эпоху третьего и четвертого путинского
срока стал Кирилл Серебренников, один самых известных российских режиссеров театра и кино, лауреат многих международных
премий. В августе 2017 года он был арестован по обвинению
в хищении государственных средств и больше полутора лет провел
под домашним арестом. Многие полагали это обвинение неспра-
ведливым и политически обоснованным[26].

---

[25] Изначально у фильма Вартанова было английское название, но для российской аудитории было решено выбрать альтернативное название «Дачники».
Одним из авторов сценария выступил писатель и драматург Юрий Клавдиев, и в сюжете фильма переплетаются несколько его произведений.

[26] См. обзор дела Серебренникова в [Schmid 2018: 2–5]. См. также материал
Ивана Нечепуренко «Russia Frees Director after Nearly 20 Months of House
Arrest», опубликованный в газете «New York Times» 8 апреля 2019 года.

В заключительной части этой главы мы поговорим о фильме Серебренникова «Ученик» (2016), а также об одноименной постановке в московском «Гоголь-центре». Как и персонажи других фильмов, упомянутых выше, главный герой «Ученика» хладнокровно совершает убийство. Если юная героиня Любаковой в конце концов принимает ценности, от которых раньше отказывалась, как того требует культурный кодекс современной Москвы, то Веня Серебренникова яростно отвергает общество и его институты, призванные сформировать из него будущего гражданина, — семью и школу. В то время как Вика проходит путь от бунта к конформизму, Веня отказывается от секулярного мира в пользу фанатичной ветхозаветной религиозности. Более того, под его влияние подпадают и окружающие взрослые, которым как будто полагается защищать существующие ценности и внушать их подрастающему поколению. И Вика, и Веня заявляют, что будущее принадлежит им. Подобно юным мстителям из «Деточек», он оправдывает свою жестокость некой благой целью. Однако в его мире нет коварных преступников и невинных жертв, умоляющих о спасении; именно он сам и угрожает стабильности общества.

В основном речь пойдет о фильме, однако время от времени я буду ссылаться на предшествовавшую ему театральную версию, премьера которой состоялась в 2014 году[27]. Критики, анализировавшие исключительно фильм, часто обращали внимание на крайнюю религиозность Вени — он постоянно цитирует Библию, отрекается от матери и разрывает связи со всеми, кто недостаточно пылко следует христианскому учению, — и это трактовалось как возрождение фанатического православия в современной

[27] Пьеса называлась «(М)ученик». Она представляет собой адаптацию оригинальной пьесы Мариуса фон Майенбурга, впервые поставленной в Берлине в 2012 году. Премьера фильма Серебренникова состоялась на Каннском кинофестивале в 2016 году, где он получил приз Франсуа Шале — награду, которую присуждают фильмам на острую злободневную тематику, вызывающим общественный резонанс. См. статью Отто Бёле «Kirill Serebrennikov: The Student (Uchenik, 2016)», опубликованную на портале «Кинокультура» (URL: http://www.kinokultura.com/2017/55ruchenik.shtml).

России[28]. Другие понимали критику «слепого фанатизма» в более широком смысле[29]. Сам Серебренников утверждает, что этим фильмом он высказался против безразличия и страха, которые заставляют отдельных людей и социальные институты так легко принимать экстремизм [Серебренников 2016: 25]. До сих пор «Ученик» не был осмыслен как репрезентирующий отрочество и как фильм, обличающий опасность ассоциирования юности с героизмом. И на экране, и на сцене Веня однозначно отвергает телесное во имя трансцендентного, заявляет свои права на транс-темпоральность, одаривающую его способностью убивать. Иными словами, он присваивает лавры подросткового героизма и сам назначает себя спасителем общества, не нуждающегося в спасении.

Выделяя основополагающие элементы мифа, Теодор Р. Гастер подчеркивает «глубинный параллелизм между реальным и идеальным», что хорошо заметно на примере мифологизации героев-подростков, таких как, например, Зоя Космодемьянская. Связь между «временным» и «вечным», по Гастеру, простирается за пределы отдельного человека и выходит на уровень поколения. По этой теории нынешнее, живущее сейчас поколение есть «всего лишь моментальный, намеченный пунктиром аватар идеального общества, превосходящего "здесь" и "сейчас", в которое погружаются все поколения» [Gaster 1984: 113]. Главный герой «Ученика» разносит своих сверстников в пух и прах, утверждая, что его собственная добродетель и приверженность христианскому учению возносит его над ними, превращает в представителя того самого «идеального сообщества всех поколений». Он верит, что способен пересечь эту область между «реальным» и «идеальным», определить порок и отмерить наказание, и в ито-

---

[28] См. обзор критических реакций на фильм Серебренникова в [Moreland 2018: 27–29]. Образ Вени напоминает о деятельности ультраправого активиста Дмитрия Энтео (р. 1989). Благодарю за это наблюдение Илью Кукулина.

[29] См. материал Ярослава Забулаева «Рецензия: "Ученик" Кирилла Серебренникова», опубликованную в журнале «Hollywood Reporter: русское издание» 14 октября 2016 года (URL: http://thr.ru/cinema/recenzia-ucenikkirilla-serebrennikova/).

ге эта вера приводит Веню к жестокости и убийству. В «Ученике» разворачивается пугающее зрелище того, как подросток пытается воплотить миф.

Как и Максим в «Переходном возрасте», Веня (в фильме его сыграл Петр Скворцов, а в постановке «Гоголь-центра» — Никита Кукушкин) проходит глубокую, словно бы необъяснимую трансформацию, однако к началу истории его превращение в цитирующего Писание фанатика уже полностью завершено. Как и у Старобинец, мать подростка (в обеих версиях ее играет Юлия Ауг) цепляется за надежду, что его странное, жестокое поведение объясняется переходным возрастом — именно так она говорит православному священнику, к которому обращается за советом. Единственным взрослым, рискнувшим бросить Вене вызов, оказывается школьный психолог и учительница биологии Елена Львовна (Виктория Исакова), но она также приписывает его трансформацию «гормональным изменениям», сопровождающим пубертат. Примечательно, что собственную растущую одержимость попытками улучшить поведение Вени она тоже объясняет с помощью темпоральных категорий: она убеждена, что «гормональные изменения» пройдут, что это нормальная часть развития и что она должна сделать все возможное, чтобы его поведение не стало «хроническим». Она описывает поведение Вени как переход, угрожающий возможностью сбиться, если он задержится в этом патологическом, хотя и временном, психологическом состоянии, из которого необходимо выйти к полноценной взрослости. Веня не способен вернуться в нормативную темпоральность без вмешательства взрослого. Это понятие совпадает с тем, что Нэнси Леско называет «паноптическим временем» в культурном понимании подросткового возраста, где основной упор сделан на окончании, к которому полагается идти подростку, на его потребности совершить предписанный темпоральный нарратив [Lesko 2012: 91].

Если Елена Львовна характеризует подростковый возраст как период кратковременного нарушения психики, то мать Вени вместо этого концентрируется на физиологии. Как и у Старобинец, переходный возраст здесь связан с физической трансформацией и с вытекающей из нее нестабильностью. Однако Веня и действиями, и словами открыто отвергает телесность[30]. Например, в начале фильма мать пытается выяснить, почему он уже две недели не ходит в школу; Веня возражает, что прогуливал только плавание. В поисках объяснения, почему он отказывается посещать уроки физкультуры, мать обращается к бодишеймингу: «Тебе не нравится твое тело, да? Это нормально. Свое тело, оно вообще никому не нравится. А вот спортом надо заниматься». Абсурдности этому разговору добавляет то, что он происходит на кухне: озвучивая реплику о человеческом теле, мать рассматривает курицу. Однако Веня отвечает: «Мне наплевать на мое тело». Мать следует за ним до туалета; пока он мочится, она пытается объяснить его иррациональные действия какой-то логикой, обращаясь к физиологическим изменениям пубертата: «Ты чего-то стесняешься, да? У мальчиков в твоем возрасте бывает неконтролируемая эрекция». Когда Веня утверждает, что у него «нет никакой неконтролируемой эрекции», она восклицает: «А вот это вот плохо!» Иными словами, она прибегает к предположительно нормальному для мальчика-подростка поведению, пытаясь объяснить странное поведение своего сына особенностями сексуального развития. В конце концов она признает свою ошибку. Позднее она жалуется священнику, что ее сын погрузился в христианство, а лучше бы «дрочил по несколько раз в день, как это делают все нормальные дети в его возрасте».

Вторая сцена фильма разыгрывается в школьном бассейне. И здесь на передний план выходят тела подростков. Веня в своей плотной черной одежде резко контрастирует с девушками, одетыми в яркие бикини. В одном кадре Серебренников особенно подсвечивает этот контраст: слева Веня, снятый средним планом, склоняется над Библией, а справа мы видим бедра и талию девушки в красном бикини, и ее ногти покрыты красным лаком (рис. 8). Голова девушки находится за кадром, зато зритель хоро-

---

[30] При этом Серебренников сохраняет определенную двойственность: когда Веню пытается поцеловать одноклассница, он сопротивляется не сразу и не очень убедительно.

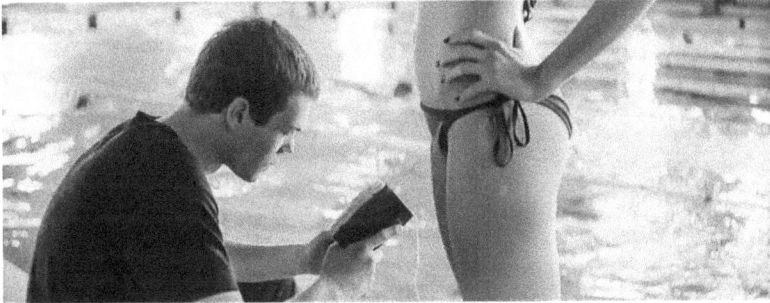

Рис. 8. Библия против бикини. «Ученик». Реж. Кирилл
Серебренников. Hype Film, 2016.

шо видит голову Вени; в центре композиции находится Библия.
В этой композиции ощущается конфликт между телом, разумом
и духом — та битва, которую безумный Веня на протяжении
всего фильма ведет от имени духа. Когда он через несколько секунд, так и не раздевшись, погружается в бассейн, в сплетение
тел, это выглядит попыткой увернуться от торжества плоти.

Бунт Вени оказывается успешным. В школе запрещают бикини,
и когда мы снова возвращаемся в бассейн, мы видим, что девушки одеты в одинаковые закрытые черные купальники — черный
цвет однозначно отсылает к Вене, который не носит ничего
другого. В этой более поздней сцене в бассейне Серебренников
подчеркивает триумф своего героя визуальными методами. Если
раньше голова Вени, Библия и обнаженная талия девушки раз-
деляли между собой один и тот же кадр, то теперь Веня занимает
позицию над всеми остальными. Камера медленно следует за ним,
пока он, с Библией в руке, поднимается по лестнице к загражде-
нию над бассейном, а его одноклассники плавают внизу (рис. 9).
Мы видим те же элементы, что в более ранней сцене, но теперь
они организованы иначе, и это отражает изменение в динамике
власти. Директор и учителя, согласившиеся с мнением Вени по
поводу безнравственности бикини, в некотором смысле надели-
ли его властью над телами других подростков — и тем самым

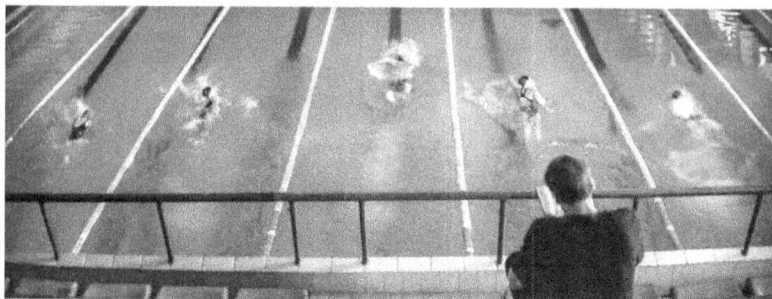

Рис. 9. Торжествующий Веня. «Ученик». Реж. Кирилл Серебренников. Hype Film, 2016.

укрепили его чувство превосходства, его связь с «идеальным сообществом всех поколений». Эта победа определенно укрепила его уверенность в себе, и камера задерживается на его лице, где написана удовлетворенность.

Несколько эпизодов спустя Веня сам прибегает к силе телесного, раздеваясь на уроке сексуального просвещения, где Елена пытается научить подростков правильно использовать презерватив. Если выставленная напоказ женская плоть предположительно оскорбляет его «религиозные чувства», как он сообщает матери, то его собственное обнаженное тело можно использовать как средство коммуникации, которое еще раз подчеркивает его отличие от ровесников. Примечательно, что директор никак не наказывает Веню за этот обнаженный протест — напротив, выговор получает Елена, которая слишком далеко отклонилась от передачи «теоретических познаний». Как и в ситуации с бикини, столкновение с властью лишь укрепляет убежденность Вени в собственной исключительности. На протяжении всего остального фильма его власть над семиотикой тела лишь усиливается. Сцену, где Веня в конце концов убивает своего одноклассника, можно считать гротескным расширением этой власти. Если Веня в своем заблуждении полагает, что религиозные убеждения наделяют его властью над другими, то именно учителя и другие взрослые представители общественного порядка позволяют его фантазиям процветать в реальном мире.

Главный герой «Ученика» дерзко и бестрепетно претендует на область мифа. Работа показывает, что Веня ошибочно убежден, будто фанатическая религиозность обеспечивает доступ к гастеровскому «идеальному». Веня не «от этого мира», как он объясняет девушке, пытающейся его соблазнить. Герой фильма старается занять то же самое трансцендентное, иконическое пространство, в которое в момент кульминации входят героини Василенко и Меликян. Эту грань смысла хорошо видно в театральной постановке «Гоголь-центра». Веня постоянно цитирует стихи из Библии, и всякий раз, когда он произносит очередную цитату, она появляется на стене над сценой. В театре эти стихи проецируются на заднюю стену над декорациями. В одном интервью Серебренников подчеркивает важность этого элемента и пояснил, что это его собственная идея, которой не было в оригинальной пьесе Мариуса фон Майенбурга [Cieutat 2016: 26]. Актеры кажутся крошечными по сравнению с огромными буквами, светящимися у них над головой. Такое сценическое решение создает еще одну плоскость действия — мифическую, трансгемпоральную, и доступ к ней изначально есть только у Вени. Когда Елена, которая начинает читать Библию, чтобы противостоять Вене, возражает ему цитатой из Писания, бросая вызов не только в «реальной», но в «идеальной» области, Веня вспыхивает дикой яростью. Она покусилась на его право быть единственным арбитром между повседневностью и трансцендентностью, и за это он твердо намерен либо причинить ей физический вред, либо уничтожить ее репутацию и тем самым выгнать ее из школы. В кульминации он добивается своего. Когда кто-нибудь цитирует Библию в фильме, слова также появляются на экране. Ограничения фильма как вида искусства не позволяют использовать элементы, выходящие за пределы кадра. Следовательно, в театральной постановке присутствие трансгемпорального выражено ярче.

Проявление трансгемпоральной сферы, которое проще обеспечить средствами театра, чем кино, также помогает лучше понять кульминационную сцену. Все главные герои собираются в учительской, и Веня обвиняет Елену в сексуальных домогательствах. Директриса тут же ее увольняет и требует, чтобы Елена немедленно ушла. Почему обвинениям Вени так легко верят все, включая бывшего молодого человека Елены, учителя физкультуры?[31] Во-первых, своим постоянным цитированием Библии Веня завоевал себе авторитет и право на доступ к «Истине», как мы понимаем из появляющихся над сценой стихов. Все взрослые этого мира, за исключением его врагини Елены, укрепляют убеждение Вени, что он и правда способен занять место в пространстве трансцендентного. Во-вторых, в этой сцене поражает полное отсутствие отсылок к Библии. Его ложные обвинения выглядят такими убедительными, потому что они, по крайней мере в некотором смысле, занимают то место в транстемпоральности, которое раньше отводилось для цитат из Писания. Колонизировав пространство истины, он может успешно наполнять его ложью.

Как и в «Жестокости» у Любаковой, подросток побеждает взрослого при помощи обмана. В обоих фильмах юные протагонисты воплощают в себе будущее, в то время как их взрослые противники остаются в прошлом. Венина учительница истории с нежностью вспоминает советские времена, когда «люди во что-то верили», и это становится символом неуверенности старшего поколения. Серебренников описывает смятение этой героини, которая никак не может смириться с фактом, что «теперь попы́ в школе», когда раньше были коммунисты, а до этого — сталинисты [Серебренников 2016: 29][32]. Но Вене незнакомо такое

---

[31] В обзоре на фильм критик Арина Холина утверждает, что школьная администрация, особенно в провинции, должна была отнестись к Вене и его «глупой матери» с бо́льшим скептицизмом. См. рецензию Холиной «Мученик Кирилла Серебренникова, фильм», опубликованную в журнале «Сноб» 13 сентября 2016 года (URL: https://snob.ru/profile/9723/blog/113540).

[32] Серебренников также отмечает, что эта героиня в фильме заметно отличается от своей сценической версии — она больше размышляет о собственной судьбе и сильнее сочувствует Елене.

смятение. В финальной сцене конфликт между статикой и динамикой, между прошлым и будущим обретает законченные черты. Елена, которую директор называет «позором профессии», изгнана из школы. Однако она возвращается, приколачивает свои кроссовки гвоздями к полу и несколько раз заявляет, что никуда отсюда не уйдет, потому что она «здесь на своем месте». Однако она выкрикивает эту фразу в пустом классе, отчаянно оглядываясь в поисках собеседника, и мы ощущаем ее одиночество и беспомощность. В отличие от слов, сказанных ее юным врагом, слова Елены лишены силы — за ней не идут верные слушатели, и сказанное ею отдается эхом в пустой комнате, никак не умея проникнуть в пространство транстемпоральности. Прибитые гвоздями кроссовки также указывают на неподвижность и бессилие: несмотря на протест Елены, Веня торжествует победу. Пусть она не попадает в тюрьму, как Зоя в «Жестокости», но из-за его лжи она изгнана из школьного коллектива. В киноверсии Серебренников переходит от одинокой фигуры Елены к широкому кадру, где двое полицейских сидят над телом Гриши, убитого Веней одноклассника; в кадр вбегает спортсмен — и пробегает мимо, даже не подозревая, что побывал рядом с трупом[33]. Кадрирование и небрежность жестов полицейских показывают, насколько незначительной предстает смерть этого мальчика; можно предположить, что Веня избежит ответственности за убийство. Возможно, прав был его призрак, явившийся Елене в школьном вестибюле, когда сказал, что Веня убьет ее и останется безнаказанным. За преступлением не следует наказание; герой-подросток остается все тем же самопровозглашенным арбитром добра и зла[34]. Институты взрослого мира не мешают Вене творить

---

[33] Монолог Елены, которым заканчивается пьеса, в версии фильма был значительно сокращен. В театральной постановке эффект унижения оказывается приглушен: Елена обращается с последним словом к полному залу зрителей.

[34] Многие критики отметили в фильме мотивы Достоевского. См., например, статью Юрия Гладильщикова «Рождение черноруба́шечника: Фильм недели — "Ученик"», опубликованную в журнале «Forbes» 17 октября 2016 года (URL: https://www.forbes.ru/uvlecheniya/330803-rozhdeniechernorubashechnika-film-nedeli-uchenik).

насилие, и будущее явно принадлежит ему в той же степени, что и Вике из «Жестокости».

Игра слов в названии пьесы, «(М)ученик», создает важную двойственность, отсутствующую в его буквальном переводе. Однако тема мученичества неоднократно всплывает и в постановке, и в фильме. Так, вскоре после своего обнаженного протеста Веня встречается с тем же священником, с которым раньше пыталась посоветоваться его мать, — иными словами, происходит встреча между самопровозглашенным представителем христианской морали и официальным представителем РПЦ. Священник выражает симпатию к бунту Вени против школы и к его желанию «жить ради веры». Веня в ответ возражает, что хочет не жить ради веры, а «умереть за нее», открыто отвергая мысль священника о том, что «так сразу умирать необязательно» и «есть много путей, чтобы служить Богу». Веня критикует современное христианство за его недостаточную приверженность мученичеству — представители других религий, утверждает он, над ним смеются, ведь там хватает людей, готовых умереть ради высшей цели. Позднее, когда он впервые допускает мысль об убийстве Елены, Веня опять заявляет, что готов «умереть для Бога». Юлия Минкова пишет о присутствии «жертвоприношения для создания смыслов» в постсоветской культуре, феномен которого она прослеживает вплоть до советской традиции сакральных жертв, при помощи которых насаждались и распространялись государственные ценности [Minkova 2018: 140]. Веня определенно разделяет этот императив: в избирательном чтении Писания он формирует свою картину мира на основе жертвоприношения. Постоянные упоминания мученичества, включая его мысль о том, что в плане жертвоприношений русские проигрывают другим религиям, косвенно намекают на советский миф о подростке — сакральной жертве. Однако «язык жертвоприношения» по определению является «языком насилия», что в некотором смысле предсказывает превращение Вени от будущего мученика к убийце [Minkova 2018: 10]. В таком случае название пьесы заставляет вспомнить о связи между молодежью и мученичеством, характерной для СССР. В работе Серебренникова видно, с какой

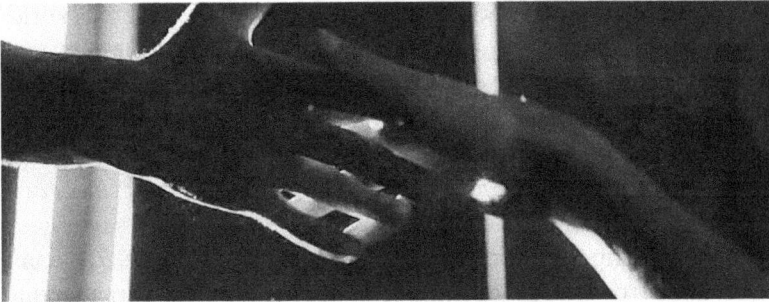

Рис. 10. Цепь святости. «Ученик». Реж. Кирилл Серебренников. Hype Film, 2016.

легкостью современный российский подросток, опирающийся на это наследие, может из жертвы стать мучителем.

Заглавие пьесы также намекает на концепцию «цепи святости» [Kahla 2007: 45]. Необходимо следовать благородному примеру средневековых христианских мучеников и юных героев советской эпохи. Мученичество несет дидактическую функцию, учит и вдохновляет бесчисленные поколения учеников. Мы уже видели, что Веня представляет себя мучеником, и вскоре у него появляется ученик — мальчик-инвалид Гриша, над которым издеваются сверстники и к которому Веня проявляет интерес[35]. Гриша должен принять руку Господа, утверждает Веня, если он не хочет быть инвалидом всю оставшуюся жизнь. После этого разговора в кадре появляются руки обоих мальчиков — несомненная отсылка на знаменитое «Сотворение Адама» Микеланджело (рис. 10). Мы видим ироническое переосмысление цепи святости, и Веня определенно играет здесь роль Бога.

---

[35] Серебренников называет Гришу «одним из главных героев, если не самым главным»: он воплощает в себе многих подростков, в особенности тех, кто открывает собственную гомосексуальность, не находит себе места в современном российском обществе и кончает жизнь самоубийством. См. [Серебренников 2016: 25]. См. также впечатляющий документальный фильм об ЛГБТ-молодежи в России «Дети 404».

Изначально Гриша как будто учится у своего наставника: когда тот провозглашает, что «умрет для Бога», Гриша отвечает, что «тогда умрет тоже», поскольку ради Вени он готов на все. Таким образом, мы видим и готовность к самопожертвованию, и верность учителю, этому самопровозглашенному эмиссару Бога. Когда Веня называет Елену еврейкой и врагом христианства, которого необходимо нейтрализовать, Гриша сначала защищает ее, но потом предлагает сломать тормоза на ее мопеде. Его план удостаивается благословения со стороны Вени, и когда Гриша заключает, что теперь стал его учеником, тот отвечает, что Гриша и правда его «единственный и любимый ученик». Вместо тех благородных ценностей, которые ассоциируются с христианскими и советскими мучениками, он как бы передает своему последователю готовность отринуть традиционную мораль и совершить акт насилия. Но ничего не выходит: в конце концов Гриша отказывается ломать тормоза на мопеде Елены, тем самым отвергая власть своего учителя над жизнью и смертью. Кроме того, он переносит их учительско-ученические отношения в категорически неприемлемую плоскость, пытаясь поцеловать Веню. В ярости от этого двойного предательства Веня бьет его камнем по голове, и Гриша погибает.

Героини из главы 1 нарушали «цепь святости», совершая подвиг столь уникальный — например, рождение солнца, — что его невозможно воспроизвести. В «Ученике»/«(М)ученике» герой-подросток разрывает собственный гротескный вариант этой цепи, сформировавшийся между ним и Гришей, куда более непосредственным образом — физическим уничтожением ученика. «Дурочка» и «Русалка» следуют модели советского подросткового героизма, но исключают из нее элементы насилия и идеологии, возвращая ее к оригинальной, досоветской форме и тем самым подстраивая к современному контексту. Если в этих произведениях мы видим, как модель подростка-мученика адаптируется к новой эре, то в фильме и пьесе Серебренникова обнажается жуткая природа связи между подростком и жертвоприношением, какая бы идеология за этим не стояла. Вместо того чтобы демилитаризировать подростковый героизм, автор прослеживает путь своего персонажа к убийству. Так Серебренников напоминает зрителю, что «язык жертвоприношения» действительно всегда остается «языком насилия», особенно когда на нем заговаривает подросток.

Помимо Вени в российских фильмах середины 2010-х годов встречаются и другие подростки-убийцы, остающиеся безнаказанными и продолжающие свой путь в будущее. Света из «Комбината "Надежда"» Мещаниновой (актриса Дарья Савельева) улетает в Москву, где может начать новую жизнь, не омраченную только что совершенным преступлением. Что еще более невероятно, юные убийцы из «Дачников» (актеры Екатерина Стеблина и Алексей Маслодудов), хоть и попадаются полицейским, искусно обводят их вокруг пальца; они радостно возвращаются к своим преступлениям, и никаким общественным институтам не под силу их остановить. Беременность героини символизирует будущее и триумф героев над ценностями взрослого мира. Эти персонажи-подростки торжественно восстанавливают тот циркулярный хронотоп насилия, из которого сбегает юный герой Пелевина Омон.

Александр Вартанов (р. 1977), режиссер «Дачников», открыто сравнивает свой фильм с «Учеником» Серебренникова, а вместе с тем — кинематографических подростков-убийц с реальными людьми, например, с 15-летними любовниками из Псковской области, которые сбежали к родственникам на дачу, устроили перестрелку с полицией и в конце концов застрелились, до последнего момента документируя свои действия в соцсетях. Все это, полагает Вартанов, означает, что «мы живем в обществе, которое полностью лишено опоры, ориентиров, надежды. Естественно, все начинается с детей <...> Утеряны все горизонтальные, вертикальные связи, а вместо них придумываются невнятные скрепы»[36]. Мысль Вартанова об «утрате связей» одинаково хоро-

---

[36] Цит. по интервью Максима Сухогрузова с Александром Вартановым «Как хардкорное русское кино совпало с трагедией с псковскими школьниками», опубликованному в «Афиша Daily» 21 ноября 2016 года (URL: https://daily.afisha.ru/cinema/3647-kak-hardkornoe-russkoekino-sovpalo-s-tragediey-s-pskovskimi-shkolnikami/). О псковской трагедии см. материал Полины Еремен-

шо описывает и «Жестокость», и «Ученика»: и Вика, и Веня наотрез отказываются от любой идеи общности или коллективной идентичности, выбирая вместо этого радикальный индивидуализм. Однако очертания этой утраты выглядели в 2015 году совсем не так, как в 2007-м. В фильмах вроде «Жестокости» — и в «Русалке» Меликян, и в документальной работе Манского «Девственность» (2008) — социальным связям угрожает культура потребления, тяга к поверхностной красоте и удовольствиям, отказ от более глубоких существенных ценностей. Вика отвергает женскую дружбу, чтобы получить возможность уверенно шагать в будущее, где она полагается исключительно на себя; она ломает жизнь Зои, но все же не убивает ее. К середине десятых годов в фильмах о подростках-убийцах, таких как «Ученик», идея «утраты связей» приобрела более пугающее значение: исчезновение всех этических преград, стоящих между человеком и его целями и желаниями. В этих фильмах подросткам принадлежит будущее — но лишь потому, что они превратились в моральных монстров, и их трансформация представляет в крайне пессимистичном свете те надежды на социальное обновление, которые возникли в обществе к концу СССР.

Итак, в проанализированных здесь произведениях мы видим все более пугающий вариант «влюбленности в подростковость» Леско, где подросток понемногу становится существом из ночного кошмара. В «Переходном возрасте» у Старобинец тело подростка сначала вызывает отвращение, а потом превращается в биологические отходы, лишенные какого бы то ни было трансцендентного смысла. Здесь подросток внушает омерзение, но не страх. Однако у Любаковой и Серебренникова подростки-герои торжествуют над отдельными людьми и целыми социальными институтами, и взрослые силовые структуры бессильны перед деструктивными импульсами российской молодежи. Более того, в «Ученике» школа и церковь еще больше укрепляют эти импуль-

ко «"Пить и убегать": репортаж с похорон псковских Бонни и Клайда», опубликованный в журнале «Сноб» 18 ноября 2016 года (URL: https://snob. ru/selected/entry/116768/).

сы, поддерживая подростка на пути к убийству. Показывая отвращение, страх и ужас, которые способен возбуждать подросток — персонаж книги, пьесы или фильма, авторы высказываются против модели подростка-героя, готового пожертвовать собой ради общего блага. В целом все эти работы выстраиваются в единое предупреждающее сказание о том, что будет, если кто-либо попытается вдохнуть дух самопожертвования в современных российских подростков. Как заявляет 15-летняя Катя в финале фильма Гай Германики, «Все умрут, а я останусь. А вы, мама и папа, идите ****»[37].

---

[37] Джули Э. Кэссидей утверждает, что в фильме Гай Германики мы видим, как три главные героини «жестоко приносят в жертву собственное "я"» и тем самым совершают переход к роли женщины — символически превращаются в идеальных гражданок постсоветского российского государства. См. [Cassiday 2019: 31].

Глава 3
Жестокие мечтания

Герои-подростки, о которых мы говорили ранее, занимают четко определенную позицию на границе между жертвой и агрессором. Близнецы в «Переходном возрасте» Старобинец, ставшие невинными жертвами фанатической королевы муравьев, вызывают не только отвращение, но и жалость. Персонажи Любаковой и Серебренникова осознают вину за совершенные преступления. Здесь же мы обратимся к трем пьесам, размывающим эту границу, — посвященным тому моменту, когда персонаж-подросток из невинной жертвы насилия превращается в этически неоднозначного агрессора. Эти пьесы — «Пластилин» (2000) Василия Сигарева, «Собиратель пуль» (2004) Юрия Клавдиева и «Наташина мечта» (2009) Ярославы Пулинович — изображают героев, следующих одному и тому же паттерну: сначала герой погружается в царство воображения, а потом пытается навязать эту иррациональную разрушительную фантазию реальной жизни. Мы видим их в тот момент, когда они находятся в пространстве между невинностью и агрессией, между состоянием жертвы и готовностью к насилию. Для этих героев подростковый возраст превращается в гремучую смесь фантазий и неуживчивости, что едва позволит им, индивидуалистам-аутсайдерам, вырасти в представителей стабильного социального порядка.

Критики зачастую отмечают, что в пьесах новой драмы насилие играет крайне важную роль с точки зрения формы и тематики, что часто объясняется хаосом и нестабильностью 90-х[1]. В иссле-

---

[1] См. основополагающее исследование новой драмы [Beumers, Lipovetsky 2009]. См. также [Hanukai, Weygandt 2019]. Более ранняя версия этой главы была опубликована под названием «Imagining Adolescence in Selected Works of New Russian Drama» [Kaminer 2018].

довании о позднесоветских молодежных бандах Светлана Стивенсон пишет, что Россия прошла «процесс децивилизации», когда постепенный отказ от насилия, который, согласно Норберту Элиасу, происходил в европейском обществе на протяжении столетий, обратился вспять [Stephenson 2015: 226–227]. В этих пьесах можно увидеть попытку авторов исследовать очертания такого процесса. Но более пристальное прочтение позволяет обнаружить не замеченный ранее элемент, называемый мной предысторией насилия. Сигарев, Клавдиев и Пулинович показывают, каким образом насилие переходит из воображения вымышленных подростков в их внешнюю, воплощенную реальность.

Предыстория насилия здесь непосредственно связана с одним из центральных вопросов настоящей книги — как современные российские авторы понимают слияние жестокости, героизма и подросткового возраста, унаследованное от Советского Союза. Авторы пьес, о которых пойдет речь в этой главе, рассматривают эту проблему так же внимательно, как Василенко и Меликян. Судьбы и преступления их героев вызывают тот же ужас, который мы помним по работам Старобинец, Любаковой и Серебренникова. Однако если в предыдущих работах отсутствовал элемент героизма, то здесь он возвращается на свое место: все три персонажа-подростка стремятся стать героями собственной жизни. Сигарев, Клавдиев и Пулинович не стремятся предложить новое видение подростка-героя, лишенного жестокости, но вместо этого обнажают беспощадную теологию насилия, из-за которой все героические импульсы становятся избыточными.

Кратко о новой драме

В широком смысле определение «новая драма» относится к экстраординарному подъему русскоязычной театральной драматургии, возникшему в начале XXI века. Некоторые обозреватели утверждают, что драма заняла место прозы и поэзии, став наиболее интересным и наиболее важным из современных литературных жанров, а также то, что в таком качестве она процветает в масштабах, ранее не характерных для российской культуры. Зародившись в подвалах и на провинциальных театральных фестивалях, новая драма оказала большое влияние на другие виды искусства, от кинематографа до графики [Мамаладзе 2005; Hanukai, Weygandt 2019: xxv–xxvi]. Считается, что именно благодаря ей новые поколения зрителей все более интересуются театром, который в 90-е годы в России пришел в упадок [Hanukai, Weygandt 2019: xv, xvii]. Многие заметные фигуры новой драмы — Серебренников, Сигарев, Иван Вырыпаев — использовали свой театральный успех, чтобы пробиться в кинематограф. Новые драматурги добились значительной популярности и за пределами России: они получают награды, а их пьесы переводят на множество языков и ставят в самых разных странах мира. С самого зарождения новая драма подчеркивала свой транснациональный характер: среди драматургов есть украинцы и белорусы, причем все три национальные культуры связывает русский язык [Curtis 2020b: 169, 179][2].

Работы и авторы, связанные с этим движением, демонстрируют удивительную степень стилистического и тематического разнообразия, не поддаваясь простой категоризации. В это направление входит широкий спектр различных художественных феноменов — от документальных пьес в технике verbatim, написанных для одного из самых важных и известных альтернативных театров Москвы «Театр.doc» до монологов-исповедей Евгения Гришковца (р. 1967) и лирических драм Ольги Мухиной (р. 1970). Помимо насилия, к характерным чертам новой драмы можно отнести фрагментарный сюжет без традиционного развития характеров, обилие нецензурной лексики и уличного сленга, графическую, сверхнатуралистичную сексуальность, обращение к табуированным темам — таким, как гомосексуальность, тюремное заключение, жестокость полиции, — а также глубокое фоновое отстранение и оторванность от общества [Hanukai, Weygandt 2019: xxvii; Curtis 2020b: 171–172; Curtis 2020a: 17][3].

---

[2] Кертис описывает, как политические события — например, аннексия Крыма — усложнили отношения между украинскими и российскими театрами, в силу чего украинские драматурги, такие как Наталья Ворожбит, пересмотрели использование русского языка.

[3] О документальном театре и «Театре.doc» см. [Autant-Mathieu 2020: 23–40].

Типичных героев новой драмы можно разделить на следующие категории: уязвимый, легко становящийся жертвой участник маргинализированной группы; «кидалт», не желающий или не способный взрослеть; и странник, в прямом или метафорическом смысле оторванный от дома [Hanukai, Weygandt 2019: xxvii]. Часто появляется и герой-подросток, живущий в депрессивном городе с заброшенными промышленными предприятиями. Именно таких персонажей мы видим в «Пластилине», «Собирателе пуль» и «Наташиной мечте»[4].

Две из этих пьес написаны авторами, которые сами едва перешагнули подростковый возраст. Сигарев, родившийся в 1977 году в уральском городке Верхняя Салда, написал «Пластилин» на излете 90-х, когда ему было 22 года и он учился на курсе у известного драматурга Николая Коляды. Пулинович, родившаяся в 1987 году, принадлежит к первому поколению, взрослевшему в постсоветской действительности; «Наташину мечту» она написала в 2009 году, когда ей тоже было 22. Клавдиев, старший из трех, родился в 1975 году и написал «Собирателя пуль» в 2004 году, когда ему исполнилось 29.

Ученые отмечают ряд сложностей, характерных для исследования подросткового возраста с точки зрения взрослого человека посредством ретроспективы. Во многих историях взросления именно взрослость предстает стабильным финалом конфликта, что отражает желание подтолкнуть подростка к развитию в заранее определенную и предсказуемую сторону [Neumann 2011:

---

4 Об этом пишет Елена Ковальская (цит. по: [Weygandt 2016: 125]). В эту категорию укладывается и пьеса Сигарева «Божьи коровки возвращаются на землю» (2001), где главные герои — подростки из провинции, из-за нехватки денег обкрадывающие могилы. Оригинал пьесы доступен на сайте Сигарева (URL: http://vsigarev.ru/text.html). Героев-подростков можно встретить и в других пьесах новых драматургов — см., например, «Технику дыхания в безвоздушном пространстве» Елены Мощиной, где двое тинейджеров умирают от рака, и «Галку Моталко» Натальи Ворожбит, пьесу о девочках-подростках, живущих в спортивной школе-интернате. Обе пьесы доступны на сайте Театральной библиотеки Сергея Ефимова: URL: https://theatre-library.ru/authors/m/moshina_nataliya и https://theatre-library.ru/authors/v/vorozhbit соответственно.

7; Baxter 2013: 13; Douvan, Adelson 1966: 229; Lesko 2012: 91]. Но в рассматриваемых здесь работах авторы изучают ту телеологию, которая скрывается за литературными изображениями подростка. Предположительно неизбежная связь со взрослым миром оказывается куда слабее, когда мы обращаемся к пьесам, созданным драматургами, которым едва исполнилось 20[5].

Драматическая форма сама по себе представляет потенциальный вызов для этой телеологии, что еще больше подтверждает важность таких пьес для выявления динамики подросткового возраста в современной российской культуре. Временна́я длительность пьесы ограничена, таким образом, автор вынужден сконцентрироваться на «тинейджере как таковом», ему проще сопротивляться инерции, толкающей героя к взрослости как конечной точке [Salvi 2011: 5]. Здесь я говорю об этих трех пьесах скорее как о форме драматической литературы, нежели как о театральном феномене, поскольку конкретный режиссер конкретной постановки может увести проблематику своей истории прочь от «тинейджера как такового», который интересует нас в рамках настоящего исследования. Кроме того, я опираюсь на разбор И. М. Болотян, которая называет первичность текста одной из характернейших особенностей новой драмы. Отмечая тенденцию новых драматургов отказываться от традиционных формальных маркеров пьесы, Болотян утверждает, что многие из этих произведений можно и поставить на сцене, и превратить в фильм, и опубликовать в качестве книги. Зачастую такая пьеса подходит под определение «универсального текста», и в дальнейшем я исхожу именно из этого [Болотян 2010: 38–41][6].

---

[5] Другой пример, который интересно рассмотреть с этой точки зрения, — это сборник рассказов Ирины Денежкиной «Дай мне!», опубликованный в 2002 году и написанный, когда автору было 20 лет. Среди героев здесь тоже встречаются подростки. См. [Денежкина 2005]. Подробнее об этом сборнике см. [Schwartz 2016].

[6] Как пишет Борис Вулфсон, «создатели новой драмы по-разному оценивали самодостаточность текста как литературного артефакта». Он определяет две крайности в категоризации текстов: «гиперлитературный» и «постлитературный», где для первого типа характерны «подробные нарративные указа-

Размышляя над подростковостью и воображением

Пьесы, которые мы будем рассматривать, выдвигают на первый план воображаемую жизнь своих героев, обнаруживая новые грани иллюзий, внушаемых подростками российскому культурному воображению. Это производится при помощи фантазий внутри фантазий. При этом многие исследователи также полагают, что воображение играет большую роль в жизни подростка[7]. Например, еще в 1903 году американский психолог Г. Стэнли Холл, так называемый изобретатель современного подросткового возраста, утверждал, что именно «цветущему воображению» подростки обязаны своим невероятным потенциалом [Spacks 1981: 228, 230]. Он связывал эту способность жить в фантазиях с биологическими изменениями:

> Пубертат — это день рождения воображения. Его утренние сумерки — это мечтательность <...> для многих психически здоровых детей их реальное окружение не только уменьшается, но и становится тусклым и темным по сравнению с царством мечты. Без иллюзий этот возраст становится печально неполным[8].

Способность подростка мечтать, однако, потенциально может помешать ему встроиться в общество; поэтому «разгул воображения», способный навредить «росту альтруизма», необходимо предотвратить любой ценой. В 1909 году вышло исследование Пьера Мандусса: здесь автор тоже восхищается воображением

ния для постановщика в духе Шоу или О'Нила, а также диалоги в традиции русского литературного сказа, которые отчетливо доминируют на странице», а для второго — попытки «сохранить "шероховатость" тех интервью и документов, из которых они состоят». Примером пьес второго типа служат произведения, поставленные в «Театре.doc». Пьесы, о которых пойдет речь в этой главе, очевидно попадают в «гиперлитературную» часть этого спектра. См. [Wolfson 2015: 269].

7   Цитируя Джона Нойбауэра, «ключевой точкой для изучения подросткового возраста оказывается воображение». См. [Neubauer 1992: 148].

8   Цит. по: [Neubauer 1992: 148].

подростков и тоже видит в нем некоторую опасность. Эгоистические и опасные, мечтания замещают подростку реальность; но тот, кто не умеет в этом возрасте мечтать, позже не сможет заниматься творчеством. Эти и другие ранние исследователи подросткового возраста утверждали приоритет мыслительных процессов над физиологическими и верили, что сексуальное напряжение необходимо сублимировать. По Холлу, мастурбация есть нарциссическое и потому асоциальное занятие, наивысшее воплощение опасностей бесконтрольного воображения [Neubauer 1992: 149–150, 153].

Благодаря тому, сколь сильно идеи психоанализа повлияли на популярную культуру и образ мысли к середине XX века в Америке, гендерированные представления об отрочестве и фантазии начали занимать видное место. Так, эксперты утверждали, что здоровая психика девушек и «сексуальное развитие во время пубертата» определяются их способностью к эдиповой фантазии. Чтобы реализовать весь свой женский потенциал, девушка должна сконцентрировать свое воображение на фигуре отца в качестве «стартовой точки для последующих фантазий на протяжении всей ее сексуальной жизни», утверждали такие выдающиеся психоаналитики, как Хелен Дойч [Devlin 2005: 30]. Позднее Юлия Кристева, также под влиянием идей психоанализа, утверждала, что подростки обоих полов страдают от того, что она назвала «недугом идеальности»: они пестуют в себе тревожащее, дестабилизирующее и «фундаменталистское» убеждение в существовании идеального объекта желания [Kristeva 2007: 716, 717]. Как и ее предшественники, Кристева выделяет потенциальные опасности этой горячей веры в «воображаемый сценарий, создаваемый желанием», который может привести к безумию [Ibid.: 720]. Подросток, пишет она, легко поддается энтузиазму, романтизму и даже фанатизму. И действительно, она часто обнаруживала у подростков депрессию, связанную с невозможностью успешно сублимировать фантазию в реальность учебы или профессии [Ibid.: 721]. Иными словами, если воображение не находит здорового воплощения, оно способно привести, помимо прочего, к психическому заболеванию или антисоциальному поведению.

Советские исследователи также признавали центральную роль воображения в формировании подростка. Особенно ярко это звучит в работах Льва Выготского (1896–1934) — одного из ведущих специалистов по психологии развития в XX веке, который первым выступил за социокультурный подход в обучении, делая упор на связь между социальным взаимодействием и когнитивными практиками[9]. По Выготскому, во время переходного возраста, когда «детское равновесие» оказывается нарушено, воображение «характеризуется переломом» [Выготский 1991]. Он описывает воображение как крайне важный фактор, без которого у человека не появятся качества для успешной взрослой жизни. Однако Выготский, подобно своим западным предшественникам, предостерегает против потенциальных опасностей воображения, «тени мечтательности», способной как подтолкнуть человека к реальной жизни, так и отвести прочь от нее. Подростки особенно уязвимы перед лицом этой тени [Там же: 37]. Интересно, что Выготский разделяет «мечтательность», связанную с изоляцией, уединением и «импотенцией воли», и «творческое воображение», ищущее реализации в реальном мире [Там же: 37, 41]. Согласно Выготскому, именно второй тип воображения, стремящийся к воплощению за пределами фантазий — например, в литературной форме, — способствует процессу созревания. Здесь Выготский наделяет эту категорию фантазий значительной

---

[9] Выготский умер от туберкулеза, когда ему было всего 37 лет. Однако он успел создать целый ряд выдающихся работ (например, «Мышление и речь», 1934), значительно повлиявших на развитие психологии и социологии, а также теоретической и практической педагогики. В СССР вплоть до смерти Сталина его произведения находились под запретом и были почти не известны широкому читателю; Запад познакомился с переводами Выготского в 70-е и 80-е годы, и среди западных ученых и педагогов его идеи популярны и по сей день. По Выготскому, центральное место в развитии высшей мыслительной деятельности занимают социальные процессы, ключевую роль в формировании этих процессов играет культура, а для роста когнитивных способностей крайне важен язык. Выготский был очень эрудированным человеком и часто анализировал в своих работах персонажей художественных произведений. О его жизни и исследованиях см., например, [Daniels et al. 2007].

важностью, утверждая, что «самое будущее человечества будет достигнуто посредством творческого воображения» [Там же: 88]. Контраст пассивной «мечтательности» и активного «творческого воображения» особенно ярко звучит в трех пьесах, о которых мы поговорим ниже.

Пластилиновые мечты

С тех пор как Сигарев возник из безвестности екатеринбургского драматургического семинара Коляды, он приобрел популярность и завоевал признание как в России, так и на Западе. «Пластилин» стал первым его драматургическим успехом, получив «Анти-Букер» и будучи позднее, в 2001 году, поставлен Кириллом Серебренниковым на сцене Центра драматургии и режиссуры в Москве, где стал хитом сезона. Два года спустя состоялся его дебют в лондонском театре «Royal Court», принесший Сигареву премию «London Evening Standard» в качестве самого многообещающего драматурга; он стал первым иноязычным автором, удостоившимся такой чести. В последующие годы еще две его пьесы проложили себе путь на сцену «Royal Court» и нескольких театров в крупнейших городах США. Подобно другим авторам новой драмы — таким, как Вырыпаев и братья Пресняковы, — Сигарев в конце концов ушел из театра в кино и поставил несколько фильмов по собственным сценариям. «Волчок», история девочки, поглощенной отношениями с жестокой и безразличной матерью, выиграл гран-при на фестивале «Кинотавр» в 2009 году, а три года спустя тот же приз получил фильм «Жить», где в трех параллельных сюжетных линиях звучала тема насильственной смерти, утраты и крайней скорби. Самый свежий фильм Сигарева, комедия «Страна Оз», вышел на экраны в 2015 году[10].

---

[10] В связи с постановкой одной из пьес Сигарева в Нью-Йорке газета «New York Times» опубликовала статью об этом драматурге. См. материал Эллен Барри «Wrenching Tales from Russia's Rust Belt» от 29 июля 2012 года. Обсуждение поэтики места в пьесах Сигарева см. в [Kaminer 2016].

Открывающая «Пластилин» немая сцена сразу же устанавливает главенство воображения в драматическом действии пьесы. В примечаниях для режиссера автор описывает главного героя, 14-летнего Максима: «Его руки лепят из пластилина что-то очень странное» [Сигарев 2008: 425][11]. Кажется, что он прислушивается к совету Выготского искать конкретное воплощение своих фантазий, отбросив гибельную мечтательность в пользу продуктивного творчества. Однако импровизированный процесс запекания глины на плите намекает на то, что его творчество может высвободить нечто неконтролируемое, угрожающее телесными повреждениями, — траектория, характерная для всех рассматриваемых здесь пьес. Когда остатки пластилина «шипят, сгорая», и «вспыхивают», дым поднимается к потолку, разъедая ему глаза, и у Максима сначала «идут слезы», а потом он «уже рыдает» [Там же: 426]. Эта реакция намекает на двойственность воплощенной фантазии, а заключительный образ сцены, треснувшая тарелка, служит символом утраты невинности. У западных художников треснувший кувшин — обычно на портрете девушки — часто означает сексуальное насилие и утрату девственности [Lyon 2006: 130]. Из дальнейшей судьбы Максима понятно, о чем говорит этот образ.

Связь между сексуальностью и угрозой, установленная в первой сцене, усиливается на протяжении всего драматического действия «Пластилина». Поначалу Сигарев полагает, что сексуальная энергия подростков угрожает социальным нормам. В начале пьесы Максим посещает квартиру, где в гробу лежит подросток Спира, который вроде бы «повесился из-за бабы» [Сигарев 2008: 429]. Там он встречает двух недобрых старух, похожих на Бабу-ягу. Едва взглянув на Максима, одна рассказывает историю: «В автобусе, говорю, один такой же ехал. Вот так же взади пристроился и трется добром. А оно у него твердое сразу стало. Я его как схвачу и давай волосья драть. Вот ведь че бывает-то... С виду маленький, а уже твердое...» [Там же: 427]. Безымянный подросток, домогаю-

---

[11] См. также обсуждение некоторых автобиографических элементов пьесы в [Рычлова 2008: 87–98].

щийся старух в общественном транспорте, воплощает угрозу дикой, не сублимированной сексуальности, не облеченной в социально приемлемую форму. Однако из жертвы старуха мгновенно превращается в потенциальную насильницу: в конце сцены она что-то шепчет Максиму на ухо, и он «бледнеет и быстро бежит по лестнице»; старуха же при этом «странно улыбается» [Там же: 428]. На протяжении остатка пьесы Максим блуждает в «анархии тенденций» — так Мандусс охарактеризовал сексуальное пробуждение у подростков [Neubauer 1992: 150]. Благодаря этой анархии он пытается вырваться из роли жертвы при помощи своих пластилиновых фигурок — и эти попытки, как мы увидим, окажутся бесполезными и трагическими.

Половые органы в «Пластилине» приобретают чудовищные, угрожающие размеры, вызывая страх и отвращение у Максима и только усиливая мысль о дисфункциональной сексуальности. Сигарев лишает сексуальность не только интимности, но и какой бы то ни было индивидуальности. В сцене 18, например, Максим видит на стадионе пару — 18-летнего юношу и женщину лет 30, между которыми разыгрывается следующий диалог:

ЖЕНЩИНА. Любишь меня?
ПАРЕНЬ. Люблю...
ЖЕНЩИНА. Я тебя тоже. Тебя как зовут? [Сигарев 2008: 454.]

Половой акт длится всего несколько секунд — и сразу после этого молодой человек уходит, обматерив свою недавнюю партнершу. Кажется, что в «Пластилине» совокупляются не человеческие существа, а развоплощенные органы. Покинутая женщина немедленно набрасывается на Максима — тычется ему в лицо вагиной и приказывает: «Целуй, гад! Целуй, если любишь!» Эта гротескная сцена заканчивается тем, что Максима рвет прямо на нее [Там же: 456–457][12]. Образ женщины, дразнящей его своими половыми органами, возникает и в финале пьесы. На протяжении

---

[12] Похожая динамика возникает и в сцене 8, где Максим встречает невесту, которая заставляет его потрогать ее грудь. О мотиве vagina dentata, характерном для европейского искусства конца XIX века, см. [Dijkstra 1986: 294, 310].

всей истории Максиму является неземная безымянная женщина; когда перед смертью он смотрит с высоты, она появляется снова. Но вместо неземного изящества вечной женственности мы видим преувеличенную похоть: она «показывает язык. Приподнимает платье и гладит себя по ноге. Проводит рукой между ног, по груди» [Там же: 484]. Последнее, что Максим видит перед смертью, — это бесстыдно выставленные напоказ женские гениталии[13].

В первой попытке бороться с ролью жертвы при помощи творческого воображения он тоже обращается к гротескно увеличенным половым органом. Когда на него несправедливо срывается учительница, Максим описывает своему другу Лехе план мести: «Член из пластилина слеплю до колена, и пускай радуется» [Сигарев 2008: 435]. Мальчишеская идея о том, как злая учительница испугается огромного пениса, резонирует с историей, которую рассказывает старуха в начале пьесы; и снова звучит тема неконтролируемой сексуальности мальчиков-подростков. Выготский выделяет две основные категории воображения у подростков: «пластическое» и «эмоциональное», или внешнее и внутреннее, которые различаются прежде всего по типу материала, подпитывающего воображение. «Пластическое воображение» использует «внешние впечатления», а «эмоциональное воображение» всецело полагается на элементы, возникающие изнутри [Выготский 1991]. Пластилиновый фаллос можно интерпретировать как пример «пластического воображения», возникшего из короткой встречи с теми жуткими женщинами. Но также это впечатление сочетается с его «эмоциональным воображением» — злостью на несправедливость, жаждой мести, — и наталкивает его на мысль воплотить свои фантазии в виде огромного фаллоса[14]. Этот угрожающий орган фигуриру-

---

13 В постановке Серебренникова эти угрожающие женские гениталии заменены на более лирический образ: в финале Максим и девочка, которая раньше появлялась на сцене в инвалидной коляске, счастливо танцуют, а бабушка зовет его ужинать. Запись этой постановки доступна онлайн по адресу: URL: https://www.youtube.com/watch?v=U-PIHOVNMbQ.

14 Как отмечает Сюзанна Вейгандт, «пластилин выражает те эмоции, которые Максим не может облечь в слова». См. [Weygandt 2016: 125]. Боймерс и Липовецки определяют фаллос как символ, характерный для карнавала,

ет на всем протяжении оставшейся части пьесы, напоминая о комбинации «пластического» и «эмоционального», характерной для воображения Максима.

Однако реализация этих иллюзий приводит к мрачным и совсем не героическим последствиям. После демонстрации фаллоса Максима, что неудивительно, исключают из школы. А следующая «пластилиновая» фантазия косвенно становится причиной его смерти. Некая девушка заманивает Максима и Леху в обшарпанную малосемейку, где их насилуют двое татуированных мужчин — предположительно, бывшие заключенные. В сцене 20, где Леха приходит к Максиму и зовет вместе сходить к «биксе», у которой есть хорошенькая подруга, как раз для Максима, тот «лепит из пластилина фигурку девочки» [Сигарев 2008: 457]. Принимая приглашение Лехи, он пытается пересечь разрыв между творчеством и реальностью, облечь пластилиновую фигурку реальной плотью; но даже эта фигурка оказывается реальнее, чем живая девушка, поскольку та существует лишь для того, чтобы заманивать ничего не подозревающих мальчишек в ловушку. По Выготскому, «каждый конструкт воображения» отзывается в пространстве чувств, вызывая соответствующую эмоциональную реакцию [Выготский 1991]. В диалоге между мальчиками есть намек на такую связь: возможно, пластилиновая фигурка разожгла в Максиме чувства и сделала его уязвимым перед соблазном. Взрывная связь воображения, эмоций и действия в конце концов делает его жертвой насилия.

Кульминация пьесы — это убийство Максима, вызванное до некоторой степени той же смесью. Если его первая фантазия о мести реализовалась в форме огромного символа маскулинной сексуальной силы, то вторая, обреченная попытка связана с превращением пластилина — материала для «творческого воображения» — в орудие насилия. Соорудив себе примитивный кастет,

---

и утверждают, что в «Пластилине» «коллективное тело постоянно охвачено желанием, и это распространяет на весь мир состояние карнавала, при котором границы между телами постоянно нарушаются». См. [Beumers, Lipovetsky 2009: 156].

Максим возвращается в роковую малосемейку в надежде отомстить за себя и Леху. Однако попытка завершается неудачей, и один из мужчин выбрасывает его из окна. Так реализуется идея сексуальной уязвимости и насилия, на которую автор намекал в сцене с треснувшей тарелкой, и умирает второй подросток — мы вспоминаем гроб с телом Спиры. Максим пытается преодолеть насилие, используя свое «творческое воображение» в героических целях, однако его окружение предусматривает для него лишь одну роль, и это роль жертвы. Сигарев говорит о бессмысленности фантазий: воображение не способно изменить жизнь мальчика к лучшему. У Выготского мы читаем о важности «ориентирования на будущее, поведения, основанного на будущем и вырастающего из будущего», без которого нет творческого воображения. В драматическом мире «Пластилина» любое возможное будущее исковеркано той динамикой виктимизации, жертвой которой и становится Максим.

Подросток-выдумщик

Журналист по образованию, Клавдиев, родившийся в промышленном Тольятти и называющий себя «бывшим тольяттинским скинхедом», впервые появляется на российской театральной сцене во время фестиваля новой драмы в Любимовке в 2002 году. Шесть лет спустя его жестокий, фантастический стиль, вдохновленный фильмами о боевых искусствах и американскими вестернами, добыл ему титул одного из самых оригинальных драматургов России [Beumers, Lipovetsky 2009: 168; Freedman 2010: 413]. Как и Сигарев, Клавдиев идет от театра к кино, став соавтором сценария драмы Валерии Гай Германики «Все умрут, а я останусь» (2008), а также нескольких серий ее сериала «Школа» (2010). В 2011 году по его пьесе «Собиратель пуль» выходит одноименный фильм (реж. Александр Вартанов), где Клавдиев — соавтор сценария и играет одну из ролей. Его пьесы переводятся на многие европейские языки, включая английский, и активно ставятся в России и на Западе.

Главный герой «Собирателя пуль» похож на Максима: это подросток, вынужденный жить в мире преступников и убийц, подросток, сталкивающийся с авторитетными фигурами и своей зарождающейся сексуальностью, а также вынашивающий идеи героической мести. Как и в «Пластилине», здесь мы видим, к чему приводит комбинация воображения, эмоций и действия. История тоже происходит на фоне анархии и запустения. Героя зовут просто «Он», и в этом звучит нечто аллегорическое. Сюжет пьесы разворачивается на протяжении семи дней — по дню на каждую сцену, — что явно отсылает к библейскому сотворению мира. И действительно, «Собиратель пуль» становится историей о формировании юного хищника. В центре пьесы — Его подробные фантазии о некоей криминальной секте, которая является на места перестрелок, чтобы собрать пули. Ее участники якобы настолько хорошо стреляют, вселяя во всех такой ужас, что даже полиция отказывается с ними связываться[15]. Но в отличие от Максима, чьи пластилиновые фигурки лишь ускоряют его печальный конец, Он успешно реализует свои мифопоэтические выдумки, превращаясь в насильника из жертвы и торжествуя в конечном счете на вершине социальной иерархии.

«Собиратель пуль» начинается с выразительной сцены, изображающей напряжение между силой, бессилием и тем, как фантазия может быть задействована, чтобы преодолеть бессилие. Подростки, пишет в 1909 году Мандусс, предпочитают воображаемые объекты, потому что не могут в полной мере контролировать ход событий в реальном мире [Neubauer 1992: 149]; вот почему герои современного янг-эдалта обретают силу в фантастических королевствах, вдали от банальности и ограничений повседневного мира [Waller 2010: 195][16]. В начале пьесы мы видим три варианта, как герой жестоко торжествует над отвратительным отчимом. Но сразу после этого разворачивается реальный ход событий, где

---

[15] Боймерс и Липовецки утверждают, что в этой пьесе Клавдиев «воспевает насилие как форму юношеского бунта» [Beumers, Lipovetsky 2009: 170].

[16] Характерным примером такой динамики в российской янг-эдалт-литературе может послужить роман Екатерины Мурашовой «Класс коррекции» (2004), где главный герой, мальчик с ДЦП, перемещающийся на коляске, получает возможность переместиться в параллельный мир, в котором исчезают его физические ограничения и сбываются желания.

он — далеко не так героически — стирает пеленки и выносит мусор. Замкнутый в стереотипно женском, домашнем мире, Он кажется мужской версией Золушки. Однако Он не полагается на помощь феи или изящество ног. Вместо этого ему предстоит совершить насилие. Кинжал из ножовки, который он прячет за стиральной машиной — и который осторожно трогает, прежде чем вернуться к стирке пеленок, — служит мостом между миром воображения и реальной действительностью, напоминая зрителю о сцене с мечтами о мести из начала пьесы [Клавдиев 2008: 247]. Тонкое взаимодействие двух этих сфер и его влияние на расстановку сил — вот та тема, что звучит на протяжении всей истории. Главный герой «Собирателя пуль» не просто упивается фантазиями, чтобы компенсировать свою беспомощность, как утверждает Мандусс, — скорее, он готовится заявить о себе в реальном мире.

Если Максим выражает себя креативно, моделируя объекты из пластилина, то герой Клавдиева выбирает медиум слов: у него дар создавать сложные и захватывающие истории. Иными словами, Он — подросток-выдумщик, «персонаж, в чьих красочные рассказах <...> прячется и красота, и опасность драматического сценария». Такие персонажи часто встречаются в американской драматургии — например, у таких классиков середины XX века, как Лиллиан Хеллман, Артур Миллер и Роберт Андерсон. Так герой Клавдиева встраивается в более широкую драматургическую традицию, где центральным элементом действия оказывается подросток, реализующий свое воображение в форме фантастических рассказов [Herrera 2010: 333].

Он рассказывает истории о мифических «собирателях пуль», об их эпических сражениях с другой бандой, придумывает собственную версию «Ромео и Джульетты» о любви к девушке из вражеского лагеря — в устной форме и крайне убедительно. Выготский полагал, что детское творчество «синкретично», т. е. не знает разделений между такими жанрами, как проза, поэзия и драма[17]. Кроме того, дети могут сочинять и одновременно ра-

---

[17] Это наблюдение совпадает с тем, как Болотян называет пьесы новой драмы «универсальными текстами».

зыгрывать содержимое своего воображения — именно этим и занимается герой Клавдиева. Такие литературные начинания отмечают «новое направление фантазии», которое «углубляет, расширяет и прочищает» эмоциональную жизнь ребенка, «впервые пробуждающуюся и настраивающуюся на серьезный лад». Переход от пластической или объективной формы творчества, вдохновляющейся внешними впечатлениями, к эмоциональной или субъективной, основанной на элементах внутренней жизни, сопровождается ростом эмоциональной зрелости [Выготский 1991]. Иными словами, процесс созревания обусловливает переход к новым типам вдохновения и творчества. Поскольку Клавдиев намекает, что его герой черпает вдохновение в собственной эмоциональной травме, можно сказать, что Он значительно продвинулся по этой шкале. Он горячо объясняет своей будущей девушке Вике, что сам знаком с собирателями пуль:

> Мой отец был Собирателем пуль. Его захватили Древоточцы, он бежал из плена, его ранили, а моя мама его нашла и спасла ему жизнь. Ему в больницу нельзя было, он нигде не был зарегистрирован, она его дома выхаживала неделю. А потом он ушел. Мне пять лет было. <...> Скорее всего, его убили. Иначе бы он обязательно вернулся. Он же всегда возвращался [Клавдиев 2008: 249].

Позднее, когда благодаря своей готовности совершить насилие мальчик поднимается на вершину социальной иерархии, он открыто признает связь с отсутствием отца и развитием его фантазийной жизни: «Понимаешь, когда отец нас кинул... понимаешь, он был такой классный, так с ним здорово было... а когда мне пять лет исполнилось, хоп — и все. Что мне оставалось делать? Я все придумал. Все» [Клавдиев 2008: 277][18]. В этом признании мы видим ту самую связь между эмоциями и творческим воображением, о которой писал Выготский. Но к моменту, когда звучит эта реплика,

---

[18] О той роли, которую играет отсутствие отца в пьесах европейских и американских драматургов, см. [Rosefeldt 1995]. О функции отца в кино см. [Goscilo, Hashamova 2010].

Он уже получил власть за пределами воображаемого мира — успех, которого так и не удалось добиться Максиму из «Пластилина».

Прежде чем прийти к власти, Он сталкивается с унижением и жестокостью со стороны тех, кто сильнее. Как и в «Пластилине», ключевые «бои» происходят в школьном туалете, то есть в месте, где нет общественного контроля, где не действуют школьные законы и где бессильны те, кто его воплощает[19]. Пережитое насилие показывает, насколько Его фантазии о славе, все эти «мечты о лидерстве, победе и собственном великолепии под аплодисменты восхищенного мира», как пишет Холл, отличаются от унылой реальности[20]. На следующий день Его подстерегает Андрей, школьный враг. Поскольку Он не в состоянии достать для него деньги, Его избивают и принуждают к оральному сексу. Андрей уходит, Он остается в туалете; когда туда заглядывает ничего не подозревающий младшеклассник, Он отыгрывает акт насилия, только без сексуального компонента. Эта трансформация из жертвы в обидчика рифмуется с жестокой практикой дедовщины, распространенной в советской армии и сохранившейся в современной России. И хотя в случае с Ним метаморфоза происходит очень быстро, мы видим ту же самую динамику: Он воспроизводит ситуацию насилия, которую сам же и пережил, с другим школьником, находящимся ниже него в иерархии. «Армейские нравы» школьного туалета в комбинации с подростковыми фантазиями питают цикл насилия[21]. Сцены избиения

---

[19] Как пишут Боймерс и Липовецки, в «Пластилине» «основные события происходят именно там, где стирается граница между частным и общественным пространством» — например, в туалете для мальчиков, куда заходит учительница. Это наблюдение подходит и для «Собирателя пуль». См. [Beumers, Lipovetsky 2009: 156].

[20] Цит. по: [Neubauer 1992: 148].

[21] Историк Олег Хархордин пишет: «Первые 6–12 месяцев призывник находится в положении жертвы, однако после этого он сам обращается к насилию (тех, кто отказывается избивать новичков, избивают еще более старослужащие товарищи) и, возможно, к концу службы принимает это как естественный порядок вещей. Таким образом, армия служила крупнейшим в СССР институтом повторной социализации, где посредством страха учили беспрекословному повиновению». См. [Kharkhordin 1999: 312].

и изнасилования у Клавдиева и Сигарева напоминают практику гомосексуального насилия, которое служит страшнейшими угрозой и наказанием в определенных мужских коллективах в России [Kharkhordin 1999: 308][22]. С этой точки зрения попытки Максима отомстить своим насильникам предстают еще более обреченными и бессмысленными. Возможно, он добился бы большего, если бы повторил действия большинства — нашел бы себе более слабую жертву, находящуюся на более низкой ступени общества.

По мере того, как его герой из жертвы превращается в насильника, Клавдиев рисует несколько трогательных моментов, когда Он испытывает нежность и искренний интерес, но не может толком их выразить. На третий день, например, Он признается, что мечтает не о кинжалах из ножовки, а о размышлениях в одиночестве:

> ОН: Я... я просто хочу, чтобы мне никто не мешал. <...> Хочу в тайгу уехать, знаешь... или на Чукотку. Рыбу ловить. С оленями тусоваться. <...> Мне вот по жизни больше всего нравится думать. В школе этого делать нельзя. И по жизни, если здесь оставаться, тоже нельзя. Будешь работать там, начальник у тебя, завод какой-нибудь... Что там делать? Думать как? [Клавдиев 2008: 267.]

Позднее в той же сцене Он матом угрожает своему отчиму, с чем ярко контрастирует последняя реплика, когда Он мягко

---

[22] Позднее в той же сцене эта связь проявляется еще заметнее, когда Он и Вика подслушивают, как взрослые бандиты принуждают одного из членов банды в качестве наказания заняться оральным сексом с главарем. Похожая ситуация происходит и в фильме Александра Вартанова «Дачники»: один из тех, на кого нападают главные герои, в качестве мести жестоко насилует героя-подростка. Другое произведение новой драмы с похожей динамикой — это «Клаустрофобия» Константина Костенко (2003), где двое взрослых мужчин запугивают, почти насилуют и в итоге убивают немого подростка в тюремной камере. Текст пьесы Костенко доступен онлайн в Театральной библиотеке Сергея Ефимова (URL: https://theatre-library.ru/authors/k/kostenko).

обращается к матери[23]: «А помнишь, как мы гуляли? Песни пели... тихо... вполголоса... Мы друг друга любили, да?» Но в ответ она только выходит из комнаты [Там же: 269]. Вынужденный признать собственную беспомощность по сравнению с взрослыми, стоя на коленях в углу комнаты, Он обращается к воображению. Здесь Его выражения и мысли звучат очень просто, совсем не так, как в предшествующих жестоких фантазиях. Раз за разом он, будто заклинание, повторяет фразу «больше всего на свете»:

ОН: Больше всего на свете я хочу жить так, как хочу. Больше всего на свете я хочу умереть. <...> Больше всего на свете я боюсь оказаться не прав. Больше всего на свете мне нравится смотреть кино и играть. <...> Больше всего на свете я хочу, чтобы всё на свете стало так, как я думаю. Больше всего на свете я хочу, чтобы я был самым лучшим. <...> Больше всего на свете я хочу жить [Там же: 269–270].

Эта смесь самовозвеличивания со страхом, надежды с отчаянием — видения «собственного великолепия под аплодисменты восхищенного мира» — кристаллизует в себе ряд важных противоречий, обычно ассоциирующихся с подростковым возрастом. И структура, и содержание этого монолога напоминают популярную детскую песню 60-х «Пусть всегда будет солнце», где каждая строчка тоже начинается с повтора «пусть всегда будет...». Благодаря этой отсылке сцена становится еще болезненнее[24]. Однако в оставшейся части пьесы некоторые из Его иллюзий воплощаются в жизнь, уничтожая следы той детской доброты, которая в Нем еще оставалась.

Фантастические истории, рассказываемые подростками-выдумщиками в американских пьесах, обычно не способствуют

---

[23] Столь же болезненно воспринимаются некоторые эпизоды в «Пластилине» — особенно сцены между Максимом и его бабушкой. Когда она умирает, не остается ни одного взрослого, который относился бы к нему с сочувствием или добротой.

[24] «Пусть всегда будет солнце, / Пусть всегда будет небо, / Пусть всегда будет мама, / Пусть всегда буду я».

разрешению конфликта [Herrera 2010: 346]. Однако у Клавдиева его герой стремится реализовать свои жестокие фантазии и так взбирается на вершину социальной иерархии, и теперь он отдает приказы, а не вызывает жалость. Он нападает на своего обидчика с ножом, и его одноклассники приносят Ему клятву верности и предлагают «создать свою бригаду» [Клавдиев 2008: 272–273]. Что еще важнее, к Нему приходит другой подросток, которого мы знаем только под аллегорическим именем «Мальчик», и приносит нож, который Он потерял во время драки. В кульминации пьесы они сражаются. Здесь иллюзии переплетаются с действительностью и фантазии главного героя, по Выготскому, находят воплощение в реальном мире.

Они сражаются в заброшенном здании — одновременно приходят в физический контакт и создают по-настоящему синкретический нарратив, где пространство воображаемого сливается с реальностью:

> МАЛЬЧИК. Они встретились в старом, сгоревшем доме...
> ОН. ...была гроза, и они ненавидели друг друга...
> МАЛЬЧИК. Но ведь на самом деле это не так?
> ОН. На самом деле не так. Но на фиг нам то, что на самом деле!
> МАЛЬЧИК. Они были друзьями...
> ОН. ...они бились насмерть, потому что принадлежали разным мирам!
> Дерутся на ножах [Там же: 282].

Оба мальчика признают, что граница между реальностью и иллюзией не имеет смысла, по крайней мере, в определенный период жизни:

> МАЛЬЧИК. Ты — воин?
> ОН. Я бы очень хотел бы. <...> Но можно только играть. Понимаешь?
> МАЛЬЧИК. Ну да. Но нам пока можно.
> ОН. Да. Нам можно. И нам за это ничего не будет [Там же: 281].

Таким образом, подростковый возраст можно определить как период, когда человек может всецело отдаваться воображению, не боясь последствий, — и в юридическом смысле эта идея не лишена смысла[25]. Однако у борьбы между Ним и Мальчиком, где насилие синтезируется с нарративом, мрачные последствия: оба ранены, а в конце пьесы Он стоит над могилой, где предположительно похоронен его соперник. Мальчик полностью убежден в силе своих фантазий: прежде чем уйти, он отдает Ему пулю, и Его истории как бы перебираются в реальный мир.

Смерть Мальчика может быть интерпретирована как своеобразное жертвоприношение во имя воображения главного героя, косвенный ответ на жалобы последнего, что в мире некого жалеть и ничья доброта не способна вдохновить его на героические поступки [Клавдиев 2008: 282]. Эти реплики заставляют предположить, что в постсоветском пространстве еще сохраняются следы героического императива, характерного для послевоенной эпохи, однако современный российский подросток не может его реализовать. Иными словами, героические импульсы сохраняются, но историко-социальный контекст эпохи лишает их силы. Финальный образ пьесы таков: Он в одиночестве стоит у могилы и стреляет в голубей из воображаемого пистолета, и это ставит под сомнение предполагаемый героизм и жертвенность его соперника.

Интересно, что Руслан Маликов, поставивший премьерный спектакль по пьесе Клавдиева в московском театре «Практика» в 2006 году, понимает финал пьесы в более оптимистическом ключе, утверждает, что он должен пробуждать «легкое чувство» и объясняет свой оптимизм богатым воображением главного героя, которое «помогает ему справляться с жестокостью и экс-

---

[25] Согласно Уголовному Кодексу Российской Федерации, возраст уголовной ответственности наступает в 16 лет — или в 14, если речь идет о тяжких преступлениях (например, убийстве). См. [УК РФ 2020]. Главный герой уже сформулировал эту мысль в более раннем разговоре с Викой, когда она спрашивает, что вдохновляет его на такие подробные и драматически насыщенные рассказы, а он отвечает: «Придумывать ничего не стоит, если собираешься всё это прожить».

тремальными ситуациями в реальности»[26]. И действительно, в отличие от Максима из «Пластилина», Ему удается воплотить фантазии в реальной жизни, добившись той агентности, до которой так далеко другим подросткам-выдумщикам из пьес. Однако при этом он сам становится агрессором, и читателю/зрителю остается только догадываться, какое будущее подготовили для него эти фантазии. Подобно Тимуру из знаменитой книги Гайдара, герой Клавдиева встает во главе группы мальчиков-ровесников. Теперь можно не беспокоиться о разрушении маскулинности, на которое намекали более ранние сцены, где Он занимался «женской» работой по дому. Однако Тимур, как мы помним, использовал свои лидерские качества на благо общества. В нем воплощались те самые качества, на которые ориентировались последующие поколения мальчишек: искренность, стоицизм и альтруизм. Модель маскулинности, изображаемая Клавдиевым в «Собирателе пуль», лишена этих благородных черт: мы видим лишь нигилизм и жестокость, лишенную всяческого героизма.

Фантазии, женственность и насилие

Ярослава Пулинович, родившаяся в сибирском городе Омске, также берет свой исток из екатеринбургского семинара Николая Коляды. Уже в юности она достигает серьезного успеха, получив в 2008 году (ей было 20 лет) премию «Дебют» за свою пьесу «Наташина мечта». Ее произведения пользуются вниманием международных ценителей театра: в 2009 году она написала пьесу для труппы Royal Shakespeare Company, а в 2010 году стала резиденткой Национальной драматургической конференции театрального центра O'Neill в Коннектикуте. Как и Сигарев с Клавдиевым, Пулинович стала соавтором нескольких сценариев — в том числе для фильмов «Я не вернусь» (2014, реж. Ильмар Рааг), «Как поймать магазинного вора» (2010, реж. Евгений Симонов) и «Как я стал...» (2018, реж. Павел Мирзоев). Ее пьесы входят в число

---

[26] См. материал на сайте театра «Практика» (URL: http://10.praktikatheatre.ru/materials/?show=22).

наиболее часто исполняемых работ российской драматургии, появляясь на сценах традиционных театров вроде МХАТа и альтернативных сценах таких театров, как «Практика»[27].

Выше речь шла о драмах, написанных авторами-мужчинами, где женщины находятся на второстепенных ролях: в «Пластилине» это жалкая, плоско прописанная хищница Наташа, а в «Собирателе пуль» — пассивный объект сексуальных фантазий Вика. Но в короткой пьесе Пулинович «Наташина мечта» на передний план выходит внутренняя жизнь девушки-героини, а силу и яркость ее переживаний подчеркивает монологическая форма. Наташа — единственный персонаж, который появляется на сцене, превращая тем самым зрителя в подобие исповедника. Жизнь Наташи служит примером еще большего семейного разлада, чем это было в «Пластилине» и «Собирателе пуль»: ее жестокая и безразличная мать была проституткой; вскоре ее убили, а Наташа оказалась в детском доме[28]. Подобно героям-подросткам Клавдиева и Сигарева, героиня Пулинович, казалось бы, прислушивается к призыву Выготского конкретизировать содержание воображения, и эти попытки также составляют часть ее траектории от жертвы к агрессору. Значительная часть драматического напряжения пьесы основана на конфликте между жалостью и отвращением воображаемых собеседников, к которым она напрямую обращается в течение своего монолога. Наташины мечты полностью соответствуют гендерным стереотипам. Я собираюсь рассмотреть их в более широком контексте представлений о женственности, сложившихся в России с 1991 года.

Тогда как в «Пластилине» Сигарева падение из окна знаменует трагическую развязку, в «Наташиной мечте» подобное падение отсылает к началу пробуждения субъективности и яркой, всепо-

---

[27] См. интервью Ярославы Пулинович «У драматургии женское лицо», записанное Анной Матвеевой и опубликованное на портале «Год литературы» 14 сентября 2017 года (URL: https://godliteratury.ru/public-post/slavina-mechta-yaroslava-pulinovich-i-an).

[28] О появлении мотива «плохой матери» в российской детской литературе после распада Советского Союза см. [Lanoux 2017: 143–161].

глощающей фантазийной жизни. Наташа срывается с четвертого этажа по указу своей пьяной подруги Светки, с которой они вместе развлекаются на дискотеке. В полете Наташа успевает загадать весьма традиционное, гетеронормативное желание:

Хочу любви. Чтоб с фатой и шоколадными конфетами. И чтоб все девки наши за нами шли и нам завидовали. Только это не самое главное. Главное, чтобы он меня любил, чтоб он подошел ко мне и сказал: «Наташа — ты самая реально клевая девчонка на земле, выходи за меня замуж». Я бы тогда сразу пошла [Пулинович 2017: 8][29].

Желание любви воплощается в образе фаты и шоколадных конфет — удобная синекдоха тех атрибутов женственности, которые часто появляются на свадьбах. Когда в 2012 году эту пьесу поставил Театр на Таганке, в центре сцены стояла швейная машинка с фатой, из которой свисали нити, оплетающие всю сцену, как паутина[30]. Подобный выбор реквизита подчеркивает, что в желании Наташи эмоциональное воображение синтезируется с пластическим, или, иначе говоря, синтезируется потребность любви с полученным извне представлением о том, как любовь должна выглядеть. Так, с 1991 года в России издаются журналы для девушек; в них подается новый идеал российской женственности, основанный на искусственно усиленной красоте, и подчеркивается удовольствие от демонстративного потреб-

---

[29] Премьера пьесы состоялась в саратовском ТЮЗе в 2009 году, а позднее в том же году Георг Жено поставил ее в Москве, в Центре драматургии и режиссуры. Именно «Наташина мечта» стала первым образчиком новой драмы, поставленным в знаменитом Театре на Таганке (это произошло весной 2012 года). В пару к «Наташиной мечте» Пулинович написала другую пьесу-монолог от лица девочки-подростка Наташи — «Победила я», — и их часто ставят вместе. См. подробный разбор этих двух произведений в [McAvoy 2013: 20–33]. Образ девочки-подростка, падающей из окна, появляется в рассказе Денежкиной «Леха-Ротвейлер», который входит в состав сборника «Дай мне!». Тот же мотив присутствует в повести Достоевского «Кроткая».

[30] См. материал Анны Банасиукевич «Такие разные Наташи в Театре на Таганке», опубликованный на портале «РИА Новости» 22 апреля 2012 года (URL: http://ria.ru/weekend_theatre/20120422/631969899.html).

ления [Rudova 2014: 396][31]. Эти журналы, несомненно, были мощным источником вдохновения для пластического воображения. Очертания свадебной мечты Наташи — как и зависть, которую должны испытывать другие, — соответствуют идеям женственности, сформулированным в таких журналах. По статистике, каждая пятая российская девушка читает их регулярно, а практически все остальные хотя бы изредка в них заглядывают [Ibid.: 395].

Когда Наташа, чудесным образом почти не пострадавшая от падения, пробуждается в больнице, к ней приходит мужчина, наполняющий содержанием ту форму, которую создало ее воображение: Валера. Репортер из местной газеты, он спрашивает, почему она решилась прыгнуть из окна, как живется в детском доме, каким было ее детство. Читатель или зритель немедленно ощущает разрыв между бесстрастным поведением Валеры и Наташиными романтическими иллюзиями: «Я сразу поняла, что это он, потому что кто еще может вот так взять и прийти ко мне в больницу?» [Пулинович 2017: 8] — и по ходу развития пьесы это напряжение будет все нарастать. Ключевой момент в разговоре Наташи и Валеры наступает, когда тот предполагает у нее наличие воображения — вероятность, о которой раньше никто и не думал:

А потом Валера меня спросил: «Наташа, а какая у тебя мечта?» Тут я и поняла, что это он. Потому что до этого меня никто еще не спрашивал, какая у меня мечта. А он вот так вот просто взял и спросил. Я ему говорю: «Валера, мы с вами взрослые люди, какая мечта, работать надо!» А сама такая думаю — ну спроси еще. Я, наверное, протупила, что так ответила, надо было сразу про мечту рассказывать, чтобы он все понял и сказал: «Наташа — ты реально самая клевая девчонка на земле. Выходи за меня замуж» [Там же: 9].

[31] Популярностью пользуются и западные журналы («Elle Girl», «Seventeen»), и российские версии. Более подробно об этом см. [Rudova 2014: 395]. См. также новое исследование о жизни девушек в постсоциалистическом обществе [Zdravomyslova, Iarskaia-Smirnova 2015].

Валера признает за ней способность мечтать, и Наташа немедленно объявляет его тем самым возлюбленным, которого призвало к жизни ее желание во время прыжка. Как пишет Кристева, подросток расстается с детством, когда убеждается в существовании иного идеала, будь то романтический партнер или политический (религиозный, философский и т. д.) набор убеждений [Kristeva 2007: 720]. Следовательно, тот момент, когда у Наташи во время падения пробуждается фантазия, можно интерпретировать как окончание ее детства. При этом Валерий появляется настолько вовремя, что — сам того не зная — становится ее подростковым идолом.

Среди трех главных героев, о которых идет речь в этой главе, Наташа мечтает самым прямым и непосредственным образом. Героиня Пулинович не пытается воплотить свои творческие импульсы в создание объектов, как Максим, или сложных нарративов, как Он. Вместо этого она стремится реализовать содержание своих фантазий в жизни и делает все возможное, чтобы сблизиться с Валерой. Она приходит к нему в редакцию и обещает рассказать больше пугающих подробностей о своем прошлом и жизни в детском доме. Его симпатию и сочувствие она принимает за романтическое чувство и впадает в лихорадочную одержимость, граничащую с болезнью. Возвращаясь к формулировке Кристевой, Наташа становится жертвой «райского синдрома», характерной для подростков «фанатической веры в существование абсолютного партнера и абсолютного удовлетворения» [Ibid.: 719, 720]. Тяготы и лишения, которые Наташа переносила в детдоме, определенно сделали ее более уязвимой перед этим синдромом. По мере развертывания монолога она все больше убеждает себя, что Валера и есть ее абсолютное удовлетворение: он спасет ее от унылой жизни в детдоме и от болезненных, пусть и размытых воспоминаний о безразличности матери. Кристева полагает, что за распространение этого синдрома отвечают мыльные оперы и журналы со сплетнями, в которых так часто эксплуатируется образ «буржуазной пары» [Ibid.: 721]. Современные российские книги для девочек, как и упомянутые выше подростковые журналы, могут играть активную роль в поддержании «райского синдрома». Так, в «Большой энциклопедии для супердевочек» (2010) автор подчеркивает трансформационную, квазирелигиозную природу романтического чувства: «Любовь — это не только стремление стать целым. Влюбленный человек протестует против смерти, он побеждает смерть. Неслучайно люди клянутся любить "вечно": не только "до гроба", но и после, словно бы претендуют на божественное право бессмертия»[32]. Как и в других книгах такого жанра, провозглашается идея романтической любви как трансцендентной силы, способной обеспечить и земной рай, и рай бессмертия.

Вопрос «Какая у тебя мечта, Наташа?» раз за разом повторяется в ее сознании, когда Наташа преследует Валеру, пытаясь создать для себя такую версию рая. Вот какой совет ей дает подруга Светка:

> А я хожу и все о Валере думаю — как он там? <...> Увидеть его хочу — сил нет. <...> Отзываю я Светку и говорю, Светич, я, кажется, того... Че-то со мной нездоровая какая-то фигня происходит. А Светич — ну ты че, говорит, Натка, не понимаешь, че делать надо? Иди к нему, скажи, здравствуй, зайка, я твой кролик, и все в таком духе. Накрасься там, наведи красоту, че теряться-то, жизнь ведь одна. Вот Светка дура так-то, а иногда такие вещи говорит, просто, блин, откуда берется, спрашивается. Ну я такая думаю — да, надо действовать. Накрасилась, заколочку косоглазинскую нацепила и в редакцию. Пришла вся такая мадонна из картона [Пулинович 2017: 16].

Светка советует Наташе не упускать момент и подчеркнуть свою женственность, чтобы завоевать Валерия. Ее совет перекликается с тем, что пишут авторы книг и журналов для девочек в XXI веке, как в России, так и на Западе. Как указывает Анита Харрис, запад-

---

[32] Цит. по: [Lanoux 2014: 423]. Макэвой убедительно доказывает, что в обеих пьесах («Наташина мечта» и «Победила я») героини по имени Наташа «обнажают мифологию парадигмы Наташи Ростовой», которая часто ассоциируется с идеализированным образом российской женщины. См. [McAvoy 2013: 30].

ные журналы для девушек настаивают, что читательница должна работать над собой, улучшать свой внешний вид, чтобы достойно соперничать с другими женщинами и добиваться успеха во всех сферах жизни [Harris An. 2004: 19]. Аналогичным образом в постсоветских книгах для девочек предыдущая модель традиционной женственности, «русская домохозяйка», уступила место новой — «русской красотке» [Lanoux 2014: 407]. На рубеже веков в книгах этого жанра наметился сдвиг в сторону преувеличенной женственности — и во внешнем виде, и в поведении. Авторы рекомендуют читательницам носить высокие каблуки, делать макияж и делиться друг с другом хитрыми стратегиями по завоеванию правильных мужчин [Ibid.: 414]. Внешность предстает как один из важнейших инструментов в арсенале девушки. Необходимо постоянно «работать, работать, работать» над ее улучшением, как советует автор «Современной энциклопедии для девочек»[33].

Из Наташиной реплики «надо действовать» очевидно, что она принимает этот образ мысли, согласно которому человек наделен невероятными силами и способностями, а потому может преодолеть даже самые тяжелые обстоятельства. Эти книги не только вселяют в своих юных читательниц надежду, но и взваливают на их плечи огромную ответственность: они сами должны улучшить свою судьбу [Lanoux 2014: 416]. Наташа пытается реализовать свои фантазии, вырваться из той по-настоящему страшной среды, где она живет, и потому обращается к той самой комбинации преувеличенной женственности и активности, которую отстаивали книги для девочек-подростков путинской эпохи. Наташа стремится стать «успешной девушкой» — уверенной в себе, амбициозной, независимой, способной использовать свои сильные стороны для достижения успеха[34]. Трагический финал пьесы можно

---

[33] Цит. по: [Lanoux 2014: 416]. Как добавляет Джули Хеммент, «в эру нефтяного богатства и гламура в <российских> СМИ, глянцевых журналах и телепрограммах мы видим множество молодых женщин, стремящихся изо всех сил стать лучше — и для этого они неутомимо следуют утомительному кодексу сексуализированных стратегий». См. [Hemment 2015: 190].

[34] См. [Harris An. 2004: ch. 1].

интерпретировать как ее ошибку в демонстрации тех амбиций, которые появились благодаря идеалу «сильной девушки».

Наташа продолжает приходить к Валере. Он ведет себя вежливо, но отстраненно; угощает ее чаем с конфетами; ее одержимость только растет:

> И тогда я поняла, что он мой... Что я его никому теперь не отдам, потому что у меня никогда ничего еще моего не было, а теперь есть. <...> Только это не так мое, как заколочка косоглазинская, или там джинсы, или тетради там... Это такое мое, что это в карман не засунешь, и не выкинешь, и не надоест никогда. Это что-то прям мое-мое-мое, и все тут. И не объяснишь даже как мое. Просто мое и все. И от этого так хорошо становилось, и вот здесь, в груди тепло-тепло... [Пулинович 2017: 17–18].

После трех месяцев таких ежедневных визитов Валера отказывается встречаться с Наташей. Она следует за ним до дома и видит, как он обнимает и целует другую женщину. Отчаяние быстро перерастает в дикую ярость: соперница украла у Наташи то, что она считает своим. Кристева пишет, что в «бессознательном верующего подростка», горячо убежденного в существовании «абсолютного партнера и абсолютного удовлетворения», таится «опасная идеализированность» [Kristeva 2007: 724]. Если «райский комплекс» рушится, если фантазии подростка оказываются отвергнуты, за этим могут последовать ужасающие события.

Гнев Наташи усиливает еще и то, что у соперницы есть вещи, подчеркивающие ее женственность, которая служит капиталом в современной России: «У нее все есть, все... <...> сережки есть, косметика, помада, сотик, одежда всякая... Какое она право имела забирать у меня? Ей своего, что ли, мало?» [Пулинович 2017: 19]. В заключительных строках пьесы Наташа еще раз подчеркивает, что соперница должна была оставить Валеру ей, потому что «ей, может, это еще десять раз скажут, шалаве этой, у нее там шмотки такие» [Там же: 20]. Эта реплика перекликается с Наташиными воспоминаниями о матери, где тоже ярко звучит тема «женских» товаров:

У меня мамка красивая была. И красилась так ярко-ярко, прям аж глаза слезились. Я к ней в детстве на колени забиралась, она такая — уйди, я накрашенная, смажешь. А я ей говорила — ты мне помаду свою подаришь, когда я вырасту? А она говорила — подарю... Она мне все обещала подарить — и помаду, и платья свои [Там же: 18].

Для Наташи ее мать играет ту же роль, которую для безымянного героя Клавдиева выполнял отец: она воплощает в себе идеализированную гендерную фантазию, которую Наташа надеется воплотить в собственной жизни. Однако сутенер-убийца лишает Наташу обещанного наследства в виде одежды и косметики, а ее «абсолютного партнера» крадет другая женщина, владеющая столь желанными атрибутами женственности.

Наташина мечта разбита, и в ответ она прибегает к насилию: созывает подруг из детского дома, и вместе они избивают девушку Валеры так, что та впадает в кому[35]. Грубое, испещренное ругательствами описание этой сцены резко контрастирует с болезненностью предыдущих воспоминаний, где мы видим Наташу напуганным и одиноким ребенком, оставшимся без родителей. Подобный контраст мы наблюдали и в «Собирателе пуль». «Я пришла, девок собрала, шалаву одну, говорю, проучить надо... Ну, мы ее два дня караулили возле того подъезда. Я ее запомнила, тварь эту, хоть и темно было» [Пулинович 2017: 20]. Как и герой Клавдиева, Наташа перемещается по шкале от жертвы к агрессору; она уже никогда не будет беспомощным ребенком. Теперь ясно, что ее монолог обращен к суду, который она просит о снисхождении. В июне 2018 года я смотрела постановку «Наташиной мечты» в театре «Практика» в Москве. Я помню эффект интимности и иммерсивность, когда до начала представления актеры сидят в тесной аудитории вместе со зрителями[36]. Создавая столь некомфортную близость между актером и зрителем, режиссер как бы превращает публику в присяжных, которым предстоит

---

[35] В кульминации пьесы Ворожбит «Галка Моталко» девочки-подростки тоже прибегают к коллективному насилию.

[36] Постановка Марины Брусникиной.

решить судьбу героини. Из завершения пьесы понятно, что в будущем ее жизнь будет протекать в еще более бесчеловечных и безжалостных учреждениях, чем то, которое она раньше называла домом.

Финал монолога возвращает к иллюзии, родившейся в момент падения из окна: «Я не хотела ее в кому <...> я просто хотела, чтобы с фатой и с конфетами... И чтобы все наши девки шли и завидовали... Просто такая мечта. Разве у вас нет мечты? Разве это честно, разрушать мечты человека?» [Пулинович 2017: 20]. Здесь Наташа пытается обосновать собственные действия, утверждая важность воображаемого, важность своих попыток воплотить фантазии в жизнь. В конце концов, она вела себя так, как советуют современные российские книги для девочек, в которых самодостаточность и готовность к действию воспеваются наравне с физической красотой. Российским девушкам, как и их ровесницам на Западе, советуют стать «успешными», подчеркивать и использовать свою женственность как самый ценный ресурс, а Наташа всего лишь следует этим советам. Стремясь воплотить идеал «успешной девушки» — проактивной, самореализованной, уверенной в себе, — героиня Пулинович превращается в нечто полностью противоположное: не превозмогает свои обстоятельства, а становится их жертвой. Она выбирает насилие и тем самым безвозвратно теряет красоту и счастье, которые служат наградой для «успешных девушек» [Harris An. 2004: 25–26].

Все трое драматургов — Сигарев, Клавдиев и Пулинович — подчеркивают важность воображения в развитии героя, и эта деталь перекликается с мнением ученых, изучающих идентичность подростка. Ни Максим, ни Он, ни Наташа не подпадают под обаяние опасной «мечтательности» или «импотенции воли», о которой предупреждал Выготский. Это не «постутопические подростки», страдающие от нехватки воображения, о которых пишет Маттиас Шварц в работах о постсоциалистической прозе [Schwartz 2016: 155]. И уж точно они не «лузеры», прячущиеся во внутренний мир, только чтобы сбежать от мира внешнего, — таких персонажей описывает в постсоветской украинской литературе Тамара Хундорова [Hundorova 2016: 103]. В этих трех пьесах мы видим, как они овладевают своими желаниями и пытаются реализовать фантазии, стать героями собственной жизни.

Однако все три пьесы пропитаны жестокостью, и это заставляет предположить, что «опасность мечтательности» бледнеет по сравнению с тем, что способны сделать подростки на пути к воплощению своей мечты. Современная Россия, какой ее видят Сигарев, Клавдиев и Пулинович, — унылые провинциальные городки, безразличие и жестокость, распад семьи — подталкивает к отчаянным, донкихотским мечтаниям. После того, что случилось с Максимом, Ним и Наташей, мысль Выготского о будущем человечества, которое можно достигнуть лишь при помощи творческого воображения, приобретает отчетливо зловещую окраску. Последние образы каждой пьесы — Максим, летящий навстречу смерти, Он, одиноко стоящий на кладбище и стреляющий из воображаемого пистолета, Наташа, по-детски протягивающая вперед несколько бусинок в ожидании того, как ее поглотит российская пенитенциарная система, — пронизаны одиночеством. Как и главные герои фильмов, о которых мы говорили в главе 2, эти персонажи отрезаны от возможности обрести какую бы то ни было групповую или коллективную идентичность, хотя это отстранение происходит помимо их воли. И хотя всем трем есть что ответить на отчаянный Наташин вопрос «Разве у вас нет мечты?», они решительно разрывают связь между воплощенной фантазией и интеграцией в стабильный, исправно функционирующий социальный порядок. Процесс взросления в современной России, по Сигареву, Клавдиеву и Пулинович, предстает ядовитой смесью фантазии, агрессии и смерти. В этих пьесах мы видим, как зарождается насилие, — и, следовательно, осознаем его неизбежность, — как оно сливается с фантазиями и захватывает воображение молодежи[37]. Однако эти одинокие разрушительные фанта-

---

[37] Подобные элементы — подростки, насилие, фантазии — в другом исполнении можно отыскать в автобиографическом романе Эдуарда Лимонова (1943–2020) «Подросток Савенко». 15-летний главный герой Эдди раньше безоглядно отдавался «опасной мечтательности» — фантазировал и читал, жадно поглощая всевозможные книги, от руководств по выращиванию тропических цветов до приключенческих романов (глава 3). Его мать назы-

зии неспособны вдохновить на верность какой-либо идее или институту, как того хотелось бы авторам советских и российских официальных проектов, — таких, как Юнармия. Если мы вновь вернемся к образу из финала пелевинского «Омон Ра», где его юный герой замирает, готовый разрушить циркулярный хронотоп бесконечного насилия, — то подростки из этой и предыдущей главы воплощают в себе разочарование в этой идее. Жестокие мечты предвещают переход от «влюбленности в подростковость» к восприятию подростковости как кошмара, нависающего над обещаниями постсоветского будущего.

вает этот период «потерянным раем». После того как одноклассник избивает его до потери сознания, Эдди решает бросить книги и жить в реальном мире, где он должен стать самым сильным и самым храбрым (глава 16). Чтобы отметить начало новой жизни, он заходит за двумя девочками в школьный туалет и там хватает одну из них за грудь. Так столкновение с насилием заставляет персонажа-подростка уйти из царства воображаемого и самому превратиться в агрессора. См. [Лимонов 1983].

Глава 4
Призраки в школе

Из всех произведений, разбираемых в этой книге, будь то повесть, драма или фильм, ни одно не может соперничать в популярности с телесериалом из 69 серий, который начали показывать по каналу Первому каналу в январе 2010 года. За шесть месяцев этот сериал — «Школа» Валерии Гай Германики (р. 1984) — посмотрели приблизительно 30 миллионов человек, что принесло ему первое место среди сериалов постсоветской России [Artyukh, Wilmes 2020: 186, прим. 1]. Директор Первого канала Константин Эрнст стремился привлечь молодежную аудиторию и поднять рейтинги, для чего предложил Гай Германике вернуться к ее нашумевшему фильму «Все умрут, а я останусь» (2008) и расширить его для телеэфира. В изначальном фильме история строится вокруг трех девочек-подростков, чья дружба подвергается испытанию перед школьной дискотекой[1]. Транслировать сериал, где авторы откровенно говорят о молодежной сексуальности, наркотической

---

[1] Подробнее о том, почему на роль режиссера была выбрана именно Гай Германика, см. [Hutchings, Tolz 2015: 130]. Фильм «Все умрут, а я останусь» получил две специальные награды на Каннском кинофестивале. Благодаря такому успеху Гай Германика стала одним из самых заметных современных режиссеров России — как в кино, так и в сериалах. В своих работах она часто обращается к неудобным, провокационным темам, которые шокируют и волнуют аудиторию. В СМИ у нее сложился образ enfant terrible [Artyukh, Wilmes 2020: 174]. Среди других ее фильмов — «Да и да» (2014) и «Мысленный волк» (2019). Кроме того, она выступила режиссером другого сериала на Первом канале — «Краткого курса счастливой жизни» (2011), где речь идет о приключениях молодой сексуально раскованной москвички.

зависимости и других табуированных проблемах, — для государственного канала, тесно связанного с Кремлем, такое решение трудно назвать иначе, кроме как революционным [Artyukh, Wilmes 2020: 186, прим. 7; Мхеидзе 2010][2].

На протяжении всего показа на «Школу» обрушивался шквал нападок из различных слоев российского общества. Некоторые онлайн-комментаторы заявляли, что Гай Германику следует расстрелять [Hutchings 2013: 475]. Ситуация накалилась настолько, что даже Владимир Путин счел необходимым вмешаться, чтобы возразить против нарастающей «истерики», вызванной сериалом[3]. Если, как утверждает социолог Борис Дубин, телевидение служит единственным источником символического единства в постсоветской России, ставшей «обществом телезрителей, ожидающих известного и привычного», то «Школа» с ее шокирующим сюжетом как будто поставила под угрозу это единство — и в качестве ответа многие попытались его укрепить [Дубин 2004: 182][4].

Например, политики задумались о том, как защитить публику от мрачного образа современных подростков. Владислав Юрчик, депутат Госдумы, даже выразил убежденность в том, что «миллионы отцов и матерей возмущены <...> и ждут от парламента мер по защите и прекращению этого беспредела»[5]. Группа учите-

---

[2] Пилотный эпизод «Школы» показали 11 января 2010 года. Продолжительность каждой серии составляла 25 минут. Сериал показывали в 18:20, с повтором в 23:30, и только на время зимней Олимпиады был сделан перерыв. Помимо этого, его можно было смотреть онлайн. В связи с неоднозначной реакцией зрителей в конце концов было решено отказаться от трансляции в 18:20. См. [Hutchings 2013: 475]. Мхеидзе утверждает, что благодаря «Школе» Первый канал смог успешно отразить обвинения в конформизме и «лакировке действительности».

[3] См. статью «Путин просит не устраивать истерику по поводу сериала "Школа"», опубликованную на портале Polit.ru 25 января 2010 года (URL: http://polit.ru/news/2010/01/25/isterika/).

[4] Цит. по: [Beumers 2009b: 176].

[5] См. материал «Депутат требует объяснений от "Первого канала" в связи с сериалом "Школа"», опубликованный на портале РИА Новости 13 января 2010 года (URL: https://ria.ru/culture/20100113/204220264.html). Но были

лей направили петицию на имя Путина, требуя снять «Школу» с эфира, а директор одной из школ заявил, что просмотр сериала заставил его «перестать хотеть быть учителем». Психологи били тревогу по поводу восприимчивой природы подростковой психики, которая может побудить юных зрителей последовать примеру героев в отношении секса, пьянства и насилия[6]. Многие наблюдатели, кажется, были одержимы вопросами правдоподобности сериала, подходя к нему почти как к социологическому исследованию, требующему либо подтверждения, либо опровержения. Характерным примером послужили действия консервативной молодежной организации «Наши», заявившей о том, что направляет представителей в различные московские школы, чтобы те понаблюдали за учениками, учителями и родителями и пришли к выводу, правильно ли в сериале изображена действительность. Как объяснила комиссар «Наших» Марина Задемидькова, «общество разделилось на два лагеря», и организация решила мобилизовать свои ресурсы, чтобы окончательно поставить точку в этом вопросе[7].

Чувству документальности, заставляющему многих критиков либо восхвалять сериал, либо полностью отвергать его, несомненно, способствует и сама эстетика «Школы». По образованию Гай Германика — режиссер документального кино, и ей удалось добиться ощущения абсолютной правдоподобности происходящего вплоть до стирания границы между вымыслом и действитель-

---

у сериала и защитники. Так, видный культурный критик Артемий Троицкий в интервью «Эху Москвы» 14 февраля 2010 года назвал «Школу» «лучшим, что было создано на наших государственных телеканалах за все постсоветское время» (URL: https://echo.msk.ru/blog/troitskiy/656618-echo/).

6 См. материал Юрия Богомолова «"Школа". Звонок на урок истории», опубликованный на портале РИА Новости 22 января 2010 года (URL: https://ria.ru/authors/20100122/205785666.html), и «Скандальный сериал: "Школа" жизни или карикатура на школьную жизнь?» от 15 января 2010 года (URL: https://ria.ru/culture/20100115/204684454.html).

7 См. статью «"Наши" намерены "поставить точку" в споре о сериале "Школа"», опубликованную на портале РИА Новости 20 января 2010 года (URL: https://ria.ru/culture/20100120/205510653.html).

ностью [Vassilieva 2014: 66, 75][8]. Ее стиль основан на принципах «Догмы 95» и традициях российской документалистики, заложенных еще Дзигой Вертовым с его стремлением заставать «жизнь врасплох». Гай Германика снимает только на ручную камеру, часто прибегает к импровизированным диалогам, отказывается от закадрового звука, предпочитает настоящие локации (сериал сняли в настоящей, действующей школе в Москве) и предпочитает субъективные, снятые с точки зрения персонажей ракурсы с очень крупными планами, высокими и низкими углами. Камера постоянно колеблется, и на стекле даже могут осесть капельки шампанского из открытой бутылки — или брызги слюны изо рта актера.

Действие сериала разворачивается в московской школе: на протяжении нескольких месяцев мы наблюдаем за жизнью учеников девятого класса «А» и их преподавателей. Действие обрамляют два важных события: в 1-й серии у их классного руководителя, Анатолия Германовича Носова, происходит инсульт, а в 66-й его внучка Аня Носова совершает самоубийство. Между этими сюжетными точками юные персонажи — большинству из них примерно по 15 лет — теряют девственность, пьют огромное количество алкоголя, курят, ссорятся с родителями, страдают от безответной любви, теряют родителей, умирающих от рака, экспериментируют с субкультурами (эмо и скинхеды), боятся забеременеть, демонстрируют отсутствие какого-либо интереса к образованию и в целом не могут сформировать отношения и определить собственную индивидуальную идентичность. Между тем взрослые (их школьные преподаватели) изменяют своим супругам, сплетничают друг о друге и доносят друг на друга, влюбляются и решают пожениться, поддерживают фашистскую идеологию, принимают взятки от родителей и искренне, но

---

[8] В своей рецензии на сериал Маша Бостон утверждает, что «Школа» обыгрывает формат реалити-шоу, «стирая границу между реальным и вымышленным». См. [Boston 2012]. Впервые Гай Германику заметили в 2005 году, когда вышел ее документальный фильм «Девочки» об отношениях в группе подростков. На фестивале «Кинотавр» он получил премию за лучшую короткометражку.

безуспешно пытаются построить эффективную коммуникацию с молодежью, за которую они несут ответственность. Один из рецензентов утверждает, что Гай Германика задумала сериал как «обучающий механизм, помогающий создавать более качественные отношения между подростками и взрослыми». Хотя многие увидели в «Школе» ожесточенную критику российской образовательной системы, на самом деле сериал высвечивает серьезную проблему, связанную с неспособностью родителей и детей понять друг друга [Crescente 2010]. Сама Гай Германика тоже поддерживает такую интерпретацию: по ее словам, тема сериала — это вовсе не школа, а «потеря диалога между поколениями»[9].

На протяжении 69 эпизодов Гай Германика и ее соавторы разрабатывают особый хронотоп[10]. Они бросают вызов превосходству «паноптического времени» Нэнси Леско, на котором основано понимание подросткового возраста в западной культуре. Эта концепция времен выдвигает на первый план итог, по отношению к которому подросткам следует развиваться. Им полагается следовать одной и той же темпоральности, неминуемо приближаясь к одной и той же кульминации, которая становится зрелость и готовность воспроизводить и поддерживать существующие социальные структуры. Но движение должно происходить в умеренном, предписанном темпе, чтобы не прибыть в точку назначения слишком быстро, — и ни в коем случае не оборачиваться вспять. Этот императив, настаивающий на устойчивом движении вперед, к завершению «нарратива становления», подталкивает к появлению «паноптического взгляда» Леско.

---

[9] См. материал Сергея Грачева «Валерия Гай Германика: "Мой фильм не о школе! Я снимаю кино о человеческих отношениях"», опубликованный на портале газеты «Аргументы и факты» 20 января 2010 года (URL: http://www.aif.ru/culture/valeriya_gay_germanika_moy_film_ne_o_shkole_ya_snimayu_kino_o_chelovecheskih).

[10] Среди тех, кто работал над сериалом, есть несколько представителей новой драмы — например, сценаристы Юрий Клавдиев и Наталья Ворожбит. Режиссером нескольких эпизодов выступили Руслан Маликов из московского театра «Практика» и Наталья Мещанинова, режиссер фильма «Комбинат "Надежда"». Более подробно о связи «Школы» с новой драмой см. [Болотян 2014].

Если кто-то отклоняется от предписываемой скорости и пути развития, его необходимо призвать к порядку. Следовательно, исследователям, учителям, родителям, создателям культуры — и самим подросткам — необходимо постоянно отслеживать проявления «прогресса, преждевременности, задержки или упадка» [Lesko 2012: 91–96][11]. Но межличностные отношения в «Школе» отображают текучесть возрастных категорий. На протяжении всего сериала авторы ставят под вопрос привычные определения подростка и взрослого — и открыто отвергают идею паноптического взгляда. Они задают вопрос: где заканчивается подросток и начинается взрослый человек?

Пространства и места, на фоне которых разворачивается нарратив «Школы», еще серьезнее ставят под сомнение возможность развития подростка, предполагаемое идеей паноптического времени[12]. Лабиринт неподвижных, отупляющих пространств взывает к советскому прошлому — к мертвому обществу, призраки которого по-прежнему с нами, — и вступает в конфликт с императивом развития и прогресса. Персонажи Гай Германики противостоят тому, что я называю «хронотопической дилеммой»: окруженные развалинами советского прошлого, они отчаянно жаждут сияющих объектов постсоветской культуры потребления, но те им недоступны. Подростковый возраст понимается как процесс вечного перехода, за которым неминуемо следует интеграция в общество, — но пространства «Школы», с их диссонансом между прошлым, настоящим и будущим, опровергают эту концепцию [Lesko 2012: 94]. Источником драматического действия в сериале служит как раз этот конфликт между подростками, временем и пространством. В моем понимании особого, присущего «Школе» хронотопа я опираюсь на идеи Памелы Туршвелл, которая исследовала то, что она называет «призрач-

---

[11] В своих идеях Леско опирается на концепцию паноптикума, сформулированную Мишелем Фуко.

[12] Я следую за Михаилом Бахтиным, который утверждал, что произведениям искусства свойственна «существенная взаимосвязь временных и пространственных отношений». См. [Бахтин 1975].

ными мирами современного подросткового возраста» в современной американской литературе и кино. Как и в проанализированных ею работах, герои «Школы» находятся в лиминальном мире, посреди «населенных призраками пространств и пугающих темпоральностей»; в обоих случаях зрителю остается только гадать, существует ли вообще хоть какое-то устойчивое и определенное будущее [Thurschwell 2014a: 240][13].

В последней части настоящей главы мы поговорим об Ане Носовой, чье трагическое самоубийство становится одним из самых пугающих моментов этой истории. В ее сюжетной линии прослеживается и беспокойство относительно пробуждающейся женской сексуальности, и императив, требующий развития в соответствии с паноптическим временем, что проливает свет на некоторые отчетливо гендерные стороны этой концепции. Бинарная оппозиция между обнажением и сокрытием девочек-подростков (конкретно Ани) служит доминирующим лейтмотивом всей «Школы» и драматического действия вообще. Аня пытается сформировать чувство собственной идентичности и открывает себя как прямым, так и опосредованным образом. Это открытие привлекает к ней паноптический взгляд одного из ее одноклассников и косвенно становится причиной ряда трагических и жестоких событий. Ее эстетизированное, снятое на видео самоубийство — которому предшествуют несколько дней молчания (и, следовательно, сокрытия) — представляет собой окончательный, отчаянный и трагический акт обнажения девочки-подростка.

В отличие от сверстников мужского пола, девочки «Школы» в полной мере ощущают все негативные последствия слишком раннего сексуального развития, или, иначе говоря, нарушения границ паноптического времени: страх перед беременностью, одиночество, бойкот. Такое в некотором смысле ортодоксальное распределение гендерных ролей, где за одни и те же действия женщины несут наказание, а мужчины нет, приводит нас к заключительной мысли этого раздела. Несмотря на всю критику,

---

[13] Туршвелл подробно рассматривает графический роман Дэниэла Клоувза «Ghost World» (1998) и одноименный фильм 2001 года (реж. Терри Цвигофф).

обрушившуюся на сериал, «Школа» — как бы откровенно она ни изображала подростков, занимающихся сексом, пьющих алкоголь и предающихся другим порокам, — на самом деле отстаивает весьма традиционные гуманистические ценности. Единственная зыбкая надежда на возвращение к прогрессу и к продуктивному будущему, согласно Гай Германике, состоит в отказе от культуры потребления и нормативных «взрослых» пороков. Создав сложную темпоральность, в которой приходится жить ее героям, режиссерка тем не менее утверждает желательность развития в соответствии с паноптическим временем.

Шок будущего

Среди тех страхов, которые озвучивала напуганная «Школой» публика, особенно ясно звучала мысль о том, что поведение нынешних подростков ставит под угрозу будущее российского общества. Такая реакция резонирует с известным паттерном «моральной паники», которую Леско называет ужасом «прошедшего будущего» — якобы общество ждет катастрофа, поскольку «подростки не смогут действовать цивилизованно и ответственно» [Lesko 2012: 94][14]. Так, глава РПЦ патриарх Кирилл выразил надежду, что «будущее страны не будет зависеть от подобной молодежи». Одна из положительных сторон «Школы», продолжил он, состоит именно в том, что страх перед таким пугающим будущим заставит общество серьезнее присмотреться к проблемам, с которыми сегодня сталкивается молодежь. Подобным же образом, хотя и с менее алармистских позиций, высказался один из ведущих кинокритиков России Даниил Дондурей, отметив, что в сериале происходит отказ от юности героев в пользу ориентации на будущее:

> В «Школе» впервые осваиваются хотя бы в первом приближении многие болезненные точки повседневного существования именно будущих взрослых, а не детей. <...> Социаль-

---

[14] Ли Эдельман в своей известной работе «No Future: Queer Theory and the Death Drive» определяет ребенка как «символ бесспорной ценности будущего» и утверждает, что «квирность» отвергает такое будущее. См. [Edelman 2004: 4].

ное неравенство, недоверие, предательство <...> обман — всё, как у взрослых. Только намного острее, болезненнее, невыносимее[15].

Можно добавить, что и взрослые в этом сериале показаны как бывшие подростки: их поведение часто резонирует с тем, как ведут себя окружающие их тинейджеры. Гай Германика вводит концепцию циркулярного времени, колебаний между прогрессией и регрессией, ставит под вопрос саму телеологию человеческого развития. Эта пугающая идея может отчасти объяснять, почему реакция на сериал оказалась такой болезненной.

Нелинейную природу времени в «Школе» поддерживают и некоторые условности сериального формата. Например, в начале каждой серии повторяется один и тот же опенинг: тем самым «Школа» предлагает зрителю каждый раз подумать об изменении, развитии и повторении (или отсутствии таковых). Эта открывающая последовательность — без закадрового звука — наполнена типичным школьным шумом вроде приглушенных разговоров и дребезжания звонка, в кадре же мы чаще видим младших школьников, а не основных персонажей. Это заставляет зрителей наблюдать контраст между детьми, ненадолго появляющимися в кадре, и подростками, чей путь «Школа» отслеживает более пристально; так возникает вопрос о том, насколько крепка связь между ребенком и подростком. Формат сериала укрепляет флюидную связь прошлого и будущего и формирует у зрителя чувство социальной устойчивости [Beumers 2009b: 159]. Подобную уверенность предлагает и идея подросткового возраста, основанная на паноптическом времени. Начиная с опенинга, авторы «Школы» дают понять, что связь между прошлым и настоящим будет одной из основных тем, но не гарантируют плавный переход из одного состояния в другое[16].

---

[15] См. [Дондурей 2010].

[16] Кроме того, как отмечает Дондурей, у «Школы» нет закрывающих титров, где перечислялись бы имена актеров с указанием ролей. Это тоже усиливает эффект документальности. Однако в первом же кадре появляется имя Гай Германики — единственного «автора и суперзвезды» сериала [Дондурей 2010].

Само название сериала отсылает к проблеме нормативного времени и прогрессии. По определению, школа — в нашем современном понимании — предполагает линейный ход времени и законченную структуру, где ученики перемещаются из класса в класс, пока не оказываются в самом последнем. Кроме того, школа служит ключевым звеном в цепи социальной стабильности — подготавливает детей и подростков занять место в следующем институте, задачей которого будет помочь им встроиться в более широкую ткань общества, будь то работа, ПТУ или университет. Именно в школе государство встречается со своими будущими гражданами, силой обеспечивая их подчинение предопределенной структурно-темпоральной модели, чтобы добиться «внутрисоциумной целостности» [Hutchings 2013: 481]. На протяжении всех 69 эпизодов «Школы» конфликты между учителями и учениками, а также — что еще страшнее — безразличие учеников к любой форме знаний, которую можно получить от учителей, служат признаком разрушения этой части социальной ткани. В то же время школа никуда не девается, стоит на прежнем месте, и дети с подростками, заполняющие ее коридоры в опенинге, находятся там лишь временно. Этот контраст между неизменностью школы как института и эфемерностью присутствующего в ней подростка обуславливает драматическое действие сериала. Как пишет Юлия Васильева, Гай Германика исследует конфликт между «жидким чувством идентичности» ее героев-подростков и «твердым» окружением в виде школы и семьи [Vassilieva 2014: 72]. Если подросткам не удается развиваться, как того требует паноптическое время, смогут ли «твердые» ценности повлиять на эту «разряженную» идентичность?

Итак, в открывающей сцене и в названии уже возникают центральные для сериала вопросы времени, прогресса и роста. Каким же образом Гай Германика и ее соавторы нарушают стабильность возрастных категорий? Присмотримся внимательнее к первым эпизодам: мы видим параллелизм между взрослыми и подростками, который сохраняется на протяжении всего сериала. В первой серии появляется Анатолий Германович Носов, учитель истории и классный руководитель 9 «А», патриарх и фигура власти для обоих «твердых» пространств»: и семьи, и школы. Он явно выступает в роли отца как для учеников и учителей, так и для своей внучки Ани, которая из-за неизвестной болезни и, как выясняется, по настоянию дедушки находится на домашнем обучении. Анатолий Германович демонстрирует флюидность своей власти над обеими сферами, когда посылает нового ученика, Илью Епифанова (одного из главных героев сериала), к себе домой за белой рубашкой. Едва открыв дверь, Аня понимает, в чем цель визита Ильи, — из этого следует, что он не первый ученик, отправившийся в такое путешествие. Влияние Анатолия Германовича на российских подростков распространяется далеко за пределы «твердых» пространств, изображенных в «Школе»: он сообщает Илье, что написал учебник, по которому учится полстраны.

Весь первый эпизод учителя, прочие сотрудники школы и ученики заняты подготовкой к празднованию 70-летия Анатолия Германовича. Он, в свою очередь, в большей части эпизода посвящает себя контролю над вспышками перевозбуждения, которые может вызвать эта праздничная атмосфера. В этом отношении и взрослые, и подростки у Гай Германики одинаково уязвимы, и режиссер подчеркивает их сходство при помощи структуры кадра и монтажа. Так, группа учителей открывает бутылку шампанского, чтобы отпраздновать день рождения Анатолия Германовича в учительской, и брызги вина из бутылки оседают на линзе объектива; сам Анатолий Германович выговаривает своей секретарше за то, что она ведет себя как «бармен» — разливает напитки для будущего празднования прямо во время занятий. Без его отцовского влияния, как бы говорит нам автор, и взрослые, и подростки рискуют соскользнуть в безудержную избыточность. Во второй серии другой учитель говорит, что Анатолий Германович держал 9 «А» «в узде» — и действительно, его инсульт, из-за которого он вынужден отсутствовать в школе, становится катализатором для многих кризисов[17]. Гай Германика и дальше

---

[17] Хатчинс и Толз утверждают, что в сериале в конце концов «поддерживается символическая важность педагога» [Hutchings, Tolz 2015].

проводит параллели между взрослыми и подростками. Например, в 39-й серии она показывает две вечеринки: дома у Епифанова пьяные подростки играют в бутылочку, а в учительской, где в это время празднуют Восьмое марта, звучат нетрезвые тосты, заставляющие вспомнить события первого эпизода.

Границы между подростковым и взрослым размываются и в области сексуального поведения. В первой серии зритель подслушивает разговор между охранником школы и Лехой — старшеклассником, который далее лишит девственности двух главных героинь сериала, Олю Будилову и Иру Шишкову. Когда Ира идет мимо, охранник комментирует ее внешность, и после этого Леха тоже обращает на нее внимание. Очевидно, что раньше он не видел ее как сексуальный объект, однако он чувствует, что должен следовать примеру старшего мужчины. Вдохновленный беседой с охранником, в следующей сцене Леха просит Диму, соседа и друга Иры, раздобыть ее номер телефона. Для Иры эта связь не приводит ни к чему хорошему: из-за его необъяснимой ревности она бросает занятия танцами, ссорится с добрыми и понимающими родителями, сталкивается с его холодом и равнодушием после того, как они переспали, и даже рискует здоровьем, пробираясь к нему в инфекционное отделение. Так короткое замечание охранника о ее сексуальности приводит к целой череде неприятных последствий. Тревожная картина, как старик направляет сексуализированный взгляд на юную девушку, в более наглядной форме повторяется далее: 38-й эпизод завершается широким кадром, в котором мы видим едва пришедшую в сознание Олю, с которой богатый старик собирается заняться сексом в номере гостиницы. Расположив камеру в дверном проеме, Гай Германика навязывает зрителю роль вуайериста, вынужденного наблюдать, как девушка истерически хохочет, пока он грубо вырывает у нее бокал. Как следует из сериала, по меньшей мере некоторых мужчин возраст не ограничивает в выборе сексуальных партнеров.

В качестве взрослой героини, которая последовательнее всего исследует динамику прогрессии-регрессии, размытия границ между взрослым и подростком и, как следствие, паноптического взгляда, зачастую направленного на тинейджера, выступает учительница физики Наталья Николаевна. С самого начала мы видим, какой популярностью она пользуется среди школьников. Во второй серии она идет по коридору, одетая в ярко-синее платье, контрастирующее с унылыми интерьерами школы, и буквально купается в обожании ребят из 9 «А», которые умоляют ее стать их классным руководителем вместо Анатолия Германовича. Но в последних эпизодах финальной серии Наталья Николаевна, поднимающая тост в караоке-баре, выглядит неотличимой от девочек-школьниц. Каким образом Гай Германика прослеживает регрессию Натальи Николаевны в течение сезона?

В начале сериала Наталья Николаевна обладает сексуальной властью и над подростками, и над взрослыми. У нее отношения с богатым отцом одного из ее собственных учеников, Сергея Королева, и оба поколения как будто в равной степени видят в ней воплощение эротизма. Гай Германика усиливает этот эффект при помощи монтажа: так, например, в пятой серии Наталья флиртует с Королевым-старшим за ужином, а через несколько минут его сын спорит с одноклассником, что он с ней «замутит». Ее чувственность подчеркивают и яркие, облегающие платья, которые она часто носит. В 26-й серии мизансцена и работа камеры выстроены так, чтобы однозначно продемонстрировать ее обаяние: мы наблюдаем, как она нежно прикасается к экзотическим фруктам, которые выкладывает в вазу в учительской. Камера останавливается на ее руках и груди, с фруктами на заднем плане, и в этих планах определенно ощущается нечто эротическое. Сексуальная власть Натальи достигает здесь своего апогея. С этого момента Гай Германика постепенно начинает показывать те дестабилизирующие и деструктивные силы, которые вырываются на свободу, когда взрослый человек служит громоотводом для эротических желаний подростков и их родителей. И Наталья, и Королев-старший женаты; узнав об их отношениях, Сергей-младший получает возможность перевернуть иерархию в семье к собственной выгоде. Он шантажирует обоих, вымогая у отца деньги и дорогие подарки, а у Натальи — неловкий поцелуй. Но ревность к отцу и желание контролировать Наталью лишь возрастают, что объясняет его все более агрессивное и манипулятивное поведение.

В 50-й серии их конфликт выходит на кульминацию, когда на весенних каникулах класс отправляется с ночевкой в Суздаль. Королев-старший отчаянно пытается убедить сына присоединиться к одноклассникам, чтобы самому стать «сопровождающим» и провести с Натальей ночь в отеле. Сергей наотрез отказывается подчиниться, бросая тем самым вызов отцовской власти. Сцены с Натальей, занимающейся сексом с Королевым, который все равно приехал в Суздаль, не без комизма перемежаются со сценами, разворачивающимися в соседнем номере, где подростки, за которыми она должна надзирать, развлекаются и пьют алкоголь. Пьяная Ольга снимает майку, и сразу после этого отец Королева бросает Наталью на кровать. Постепенно параллелизм становится все менее комичным: между кадрами с Натальей и Королевым мы видим, как мальчики выходят из отеля и ввязываются в драку, а Дима почти насилует спящую Ольгу. Наталья пренебрегает своими обязанностями, и вот результат: ее ученикам угрожает физическое насилие, а ученицам — сексуализированное. В конце поездки Наталья договаривается с одним из школьников, что обе стороны будут молчать. Она лишена какого-либо морального авторитета, и этот унизительный разговор символизирует разрушение границы между миром взрослых и миром подростков.

После возвращения из Суздаля учительница физики оказывается в изоляции. Она больше не может поддерживать связь с Королевым, но и попытки восстановить отношения с мужем также оказываются безуспешными. Несмотря на сексуальный магнетизм, который она демонстрирует в ранних эпизодах, в 64-й серии Наталья мастурбирует в одиночестве. Этот кадр — где она занимается тем, что скорее ожидаешь от сексуально неопытного, любопытного подростка, чем от опытного взрослого, — завершает сюжетную арку Натальи: от объекта всеобщего желания до одинокой и отчаявшейся женщины. Когда ее исключают из «взрослого» общества — муж ее отвергает, другие учителя завидуют и не доверяют, — единственным источником дружбы и поддержки оказывается Даша, девочка из 9 «А». Если раньше по сюжету Наталья давала разумные и взвешенные советы Даше и Оле, то в заключительных эпизодах она обращается с Дашей исключительно как с подругой и сверстницей, и для зрителя это выглядит некомфортно. В 57-й серии они с Дашей отправляются на шоппинг; Наталья рассказывает ей о своем неудачном браке и просит помочь выбрать самое соблазнительное платье, чтобы муж к ней вернулся. Превращение из взрослой авторитетной женщины в хихикающую подружку завершается в финале, когда Даша с Натальей после похорон Ани отправляются в караоке-бар, где по жестам и движениям их невозможно отличить друг от друга.

Так Гай Германика оставляет зрителей с ощущением размытости границ между подростком и взрослым, — размытости, прогрессировавшей на протяжении всех эпизодов. Мрачная судьба учительницы физики, превратившейся из витального объекта сексуального желания в одинокую, нуждающуюся в помощи спутницу одной из своих юных подопечных, наводит на мысль о желательности конкретной, но не размытой границы между возрастами. На протяжении всех эпизодов и взрослые, и подростки пытаются преодолеть паноптическое время. Наталья Николаевна ведет себя как подросток, а эти последние обращаются к таким занятиям, как секс, курение, алкоголь и наркотики. В 46-й серии Королев отмечает параллелизм подростков и взрослых, циклический характер самой жизни: он говорит сыну, что у мужчин два «трудных возраста» и что сейчас они оба переживают именно эти годы.

Попытка дестабилизировать «паноптический взгляд», столь часто направляемый на тинейджеров, — это ответ Гай Германики на призыв Леско переосмыслить подростковый возраст с его противоречивостью («быть одновременно зрелым и незрелым, старым и молодым»), чтобы время «одновременно охватывало идентичности, кажущиеся противоположными» [Lesko 2012: 184]. Юные герои «Школы» пытаются жить в этой противоречивой темпоральности, и их жизнь предстает во всей сложности и неприглаженности. Отличным примером служит разговор Ильи и Оли в предпоследней серии. Оля считает себя виновной в самоубийстве Ани Носовой и признается Илье, что ее мать очень непрактична, что ей самой приходится выполнять взрослые обязанности — фактически играть роль родителя. «Пора быть независимым», — отвечает Илья: для него подростковый возраст не отменяет автономности и способности к действию. Оля в ответ ссылается на свой биологический возраст — ей 15, — как доказательство того, что она «сама еще ребенок». Но Илья отвергает такие пути к отступлению: раз она сексуально активна, то ее детство уже кончилось, нельзя одновременно принадлежать к нескольким возрастам. В предыдущих сериях, когда Оля решает, что беременна, она пытается прибегнуть к этому же спасению. В страхе перед перспективой нежеланного материнства она отказывается от всех атрибутов преувеличенной женственности — макияжа, укладки, откровенной одежды, — которые раньше служили признаком ее слишком раннего развития, ее попыток сбежать из детства и недвусмысленно утвердить себя как женщину, доступную сексуально. Когда угроза отступает — и тяготы взрослой жизни по-прежнему принадлежат будущему, а не настоящему, — Оля немедленно возвращается к своему прежнему, более взрослому виду. У Ильи противоположная ситуация. Его воспитывает мать-одиночка, и на протяжении сериала мы видим, как она умирает от рака. Илья вынужден отказаться от моратория на ответственность, которым пользуются другие подростки. Чтобы обеспечивать сначала мать, а потом себя, он стоически берется за любую низкооплачиваемую работу[18].

В историях персонажей вроде Ильи и Оли Гай Германика предлагает нюансированную альтернативу линейности паноптического взгляда. В то же время наиболее оптимистически представлены те герои, которые отвергают темпоральные противоречия и ближе следуют (гетеро)нормативной временной прогрессии. Это историк и учительница английского, которые влюбляются, решают пожениться и зачинают ребенка; мечтательная Соня, которая пишет стихи; отзывчивый Тимур, которого дразнят за кавказское происхождение, — его невинные отношения с Соней резко контрастиру-

---

[18] См. подробнее о «подростковом моратории» в [Lesko 2012: 105–106].

ют с сексуальной распущенностью и виктимизацией, характерной для их одноклассников[19]. Примечательно, что многие из подростков, экспериментирующих со своей сексуальностью, — в основном это относится к девочкам, — страдают от тревоги, разочарования, объективизации и унижения. Надежды на будущее есть у тех персонажей «Школы», кто не стремится к преждевременному развитию. Так Гай Германика утверждает необходимость укрепления границ между взрослым и подростком, демонстрируя зыбкие и часто негативные последствия того, что бывает, если человек любого возраста освобождается от ограничений паноптического времени.

Хронотопная дилемма

В 43-й серии учитель истории предлагает ученикам 9 «А» обратиться к 1991 году и подумать о распаде Советского Союза. Хорошо ли, что советской империи наступил конец? Вопрос не вызывает бурного отклика, и подростки сидят, как сидели, уныло пялясь в мобильные телефоны. Даже Соня ковыряет в носу и в ушах. Наконец чей-то голос дает лаконичный ответ: «Обыкновенно». Главный аргумент, который школьники приводят в пользу нынешнего политического устройства, состоит в том, что теперь им необязательно слушать назойливых санкционированных правительством певцов вроде Кобзона. Звенит звонок, и камера задерживается над Верой, лежащей на парте лицом вниз: «величайшая геополитическая катастрофа XX века», по знаменитому выражению Владимира Путина, не вызывает у этих подростков ничего, кроме скуки на грани кататонии[20].

Несмотря на то что герои Гай Германики равнодушны к историческим изменениям, пространства, в которых они существуют,

---

[19] Более подробный разбор того, как в «Школе» понимается «национальный вопрос», см. в [Hutchings, Tolz 2015: 130–144].

[20] См. статью «Putin: Soviet Collapse a 'Genuine Tragedy'», опубликованную в газете «Associated Press» 25 апреля 2005 года (URL: http://www.nbcnews.com/id/7632057/ns/world_news/t/putin-soviet-collapsegenuine-tragedy/).

все еще сохраняют черты советского прошлого. Подросток, как утверждает Памела Туршвелл, находится «между детским прошлым и взрослым будущим, в странном и зловещем временном состоянии, когда ты одновременно с ужасом оглядываешься назад и с желанием смотришь вперед» [Thurschwell 2014a: 239]. И хотя здесь она говорит скорее о времени, чем о пространстве, это наблюдение отлично описывает хронотопную дилемму, с которой сталкиваются протагонисты «Школы»: их окружают физические остатки советского общества, при этом блага посткоммунистической, потребительской культуры для большинства из них остаются недоступны. Туршвелл анализирует образы подростков — героев книг и фильмов, которые осмысленно прибегают к анахронистическому стилю: с ее точки зрения, так они бунтуют против современности [Ibid.: 245]. Однако что сказать о постсоветских подростках «Школы», против воли существующих в анахронистической среде? Это они не на своем месте или, напротив, само место оказалось не в своем времени? И как они переживают это противоречие, о котором, кажется, сами не имеют ни малейшего понятия?

Оба основных «твердых» пространства, служащих фоном для развития сюжета, — школа и дом, — практически не отличаются от своих советских воплощений. Физическая организация пространства в классных комнатах, например, остается примерно такой же, как в классическом советском фильме 1983 года «Чучело» (см. рис. 11 и 12)[21]. Коридоры выкрашены в такие же унылые цвета. Школьные туалеты, в которых происходит несколько важных сцен, отчаянно нуждаются в ремонте, хотя бы в косметическом. В столовой готовят все те же супы, котлеты и другие традиционные блюда, которые делали 20, 30, 40 и далее лет назад; на советских нейлоновых клеенках стоят знакомые советские тарелки. Когда в школу приходит взрослый журналист, он утверждает, что даже ольфакторная сторона этого пространства остается прежней: в классах пахнет так же, как во времена его

---

[21] Тема бойкота и коллективных действий, предпринимаемых коллективом против отдельной ученицы, перекликается с фильмом «Чучело» (1983).

Рис. 11. Классная комната в сериале «Школа». Реж. Валерия Гай Германика. «Профит» и Первый канал, 2010.

Рис. 12. Классная комната в фильме «Чучело». Реж. Ролан Быков. «Мосфильм», 1983.

юности («мокрыми тряпками, мелом и надеждой на будущее», третья серия). Как и в советские времена, мать одной из учениц дает учительнице взятку, чтобы дочь точно получила драгоценную золотую медаль, без которой не поступить в университет. (В четвертой серии учительница ставит этой девушке «отлично» за недостаточно хороший ответ о Пушкине, и другие ученики сразу же ощущают несправедливость.) В более комической сцене директор школы подкупает пожарного инспектора бутылкой коньяка.

Расписание занятий тоже почти не изменилось: на уроках литературы по-прежнему изучают творчество советского классика Максима Горького и главного национального поэта Александра Пушкина. Рассуждая о Горьком, Валентина Харитоновна обращается к советскому мифу героического подростка и напоминает ученикам, что подвиги не только нужны отдельному человеку, но и вдохновляют других на героизм. В конце первой серии Илья устраивает бунт против этого классического репертуара: на выступлении в честь юбилея Анатолия Германовича вместо пушкинского «К Чаадаеву» он зачитывает стихотворение современной российской поэтессы Алины Витухновской (р. 1973)[22]. Этой попыткой вдохнуть нечто современное в «призрачный мир» шаблонного поклонения перед Пушкиным Илья провоцирует скандал — учителя считают, что именно из-за этого у Анатолия Германовича случается инсульт, того же мнения придерживаются одноклассники Ильи. Во второй серии в учительской разворачивается горячее обсуждение, где Наталья спрашивает: «Вы что, всерьез считаете, что он мог сломаться из-за какого-то там стихотворения?» «За такие стихи раньше высылали, и правильно делали», — отвечает учительница литературы Валентина Харитоновна, напоминая остальным о будто бы оставшихся в прошлом

---

[22] Чтение наизусть канонической поэзии было стандартным элементом обучения в советских школах. Витухновская заявила о себе как о поэте в начале 90-х. В 1994 году ее арестовали за хранение и распространение наркотиков — и многие полагали, что обвинение было сфабрикованным. В таком случае она стала «одной из первых жертв абсурдности и пристрастности постсоветской юридической системы». См. [Fenghi 2020: 110].

советских временах, когда провокационных художников и писателей могли лишить свободы (или даже хуже). Одобряя такой подход к мятежной поэзии, она утверждает единство советской и постсоветской традиции, как бы сжимая время и пространство. Еще одно напоминание о страшном советском прошлом всплывает в 63-й серии — и снова в учительской, — когда учитель географии предлагает, «сообщить» вышестоящему начальству о том, что Валентина (теперь директор школы) якобы допустила ошибку. Историк рекомендует выбрать более подходящее слово — не «сообщить», а «настучать». Это очевидная отсылка к сталинским временам: здесь он иронически намекает, что они, дети и внуки тех, кто «стучал», уже в силу своей генетической склонности обречены повторять прошлое. Более ранние события подтверждают его правоту: так, учительница английского, не называя своего имени, звонит мужу Натальи и рассказывает о ее измене, а когда один из учеников пишет анонимное сочинение о событиях в Суздале, школьная секретарша изготавливает копии и раздает текст другим учителям. Наталья возражает против такого нарушения, но Валентина зловеще напоминает: «Это коллектив, а в любом коллективе тайное становится явным» (55 серия). Из этих эпизодов ясно, что призрак советского общества все еще витает над школой XXI века. Возникает вопрос, способна ли эта школа подготовить к будущему школьников нового поколения.

Действие первого художественного фильма Гай Германики «Все умрут, а я останусь» разворачивается «на блеклом фоне Подмосковья, где жизнь застыла в лимбе между коммунизмом и посткоммунизмом». Это описание отлично подходит для пространств «Школы», чьи «устаревшие, вызывающие клаустрофобию интерьеры» также создают ощущение «статичного времени, придавленного советским прошлым» [Vassilieva 2014: 67]. Подростки существуют в этом лимбе не только в школе, но и дома: большинство из них живут в тесных квартирках, к которым ведут темные подъезды и одинаковые лестницы; стоит кому-нибудь выглянуть в окно, как снаружи он неизменно увидит огромные советские многоэтажки. Интерьеры как будто сохранились с советских времен: диван служит кроватью, потому что для настоящей кровати не хватит места, в ванной ржавчина и мокрые пятна, вместо обоев газеты, и повсюду — на окнах, диванах, столах, кроватях — обязательно темная ткань. На стенах висят непременные ковры. Свет и воздух едва проникают в эти тесные, забитые мебелью пространства, и именно так живут большинство персонажей. О постсоветском настоящем напоминают лишь мелькающие изредка книжные шкафы из IKEA, компьютеры и звуки современного рока. Камера то и дело выхватывает героев крупным планом, снимает с очень высоких и очень низких углов, что еще больше подчеркивает ощущение клаустрофобии.

Кроме того, Гай Германика исследует связь между домашним пространством (или его отсутствием) и нарушением семьи. Эта тема интересует многих современных российских писателей, например Людмилу Петрушевскую, которая часто обращается к идее токсичных семейных отношений, вызванных жилищными условиями. Когда отец Оли бросает семью и уходит к другой женщине, он заставляет ее мать оставить ему квартиру, а самой вместе с Олей перебраться в другую, маленькую. Очевидно, что именно из-за квартиры мать Оли позднее соглашается принять его обратно, несмотря на предательство, — решение, которое приводит ее дочь в ярость. Когда попытка восстановить семью терпит крах, Олина мать соглашается продать квартиру и отдать отцу его часть. Перспектива оказаться без дома вызывает у Оли гнев, который она выражает в насилии по отношению к Ане Носовой, а это, в свою очередь, толкает ту к самоубийству. Так Гай Германика проводит связь между распадом семьи, тяжелыми жилищными условиями и подростковой жестокостью.

Обстановкой в семье отчасти объясняется и сексуальная доступность Оли: да, у ее взрослого бойфренда Никиты отличный автомобиль, и он может позволить себе водить ее в дорогой ресторан, но кроме того он живет в просторной, чистой, современной квартире, которая резко контрастирует с квартирами всех остальных персонажей. В 68-й серии мы видим, как Оля старается стать частью его дома — после секса она делает попытку вымыть посуду, но Никита дает понять, что на кухне она не нужна, приказывая ей оставить тарелки, поскольку скоро придет домработница. Оля нужна ему только в качестве сексуального партнера. Ей нет места среди стильной белой мебели и сверкающей бытовой техники. По Туршвелл, Оля «с желанием смотрит вперед» и мечтает о современной, европейской квартире, но эта мечта остается неудовлетворенной. В этом коротком, но важном диалоге проявляется ее безуспешная попытка использовать свой сексуальный потенциал, чтобы избавиться от беспокойства по поводу домашнего пространства.

Семейные раздоры и душные интерьеры, которые мы видим в «Школе», очевидно, привили героям-подросткам нигилистическое и деструктивное отношение к пространству. Гай Германика часто показывает, как они используют или разрушают те или иные места — ради удовольствия или чтобы забыться. Одним из самых запоминающихся мест такого рода становится темный угол под лестницей — исчерканный граффити, усыпанный окурками, — где иногда можно отыскать и бутылку из-под пива (рис. 13). Хотя это место существует в пределах школы, персонажи превращают его в пространство отдыха, где они могут собираться без угрозы контроля со стороны взрослых[23]. Туда они уходят, чтобы целоваться, обмениваться секретами или плакать, но при этом уродуют его и заполняют мусором. Именно из-за этого их попытка нащупать нечто среднее между частным и общественным пространством, отгородить для себя фрагмент школьного мира, свободный от контроля, оказывается обречена на поражение. Уборщица жалуется на плохое состояние этого участка, и взрослые забирают его себе, ограждая металлическим забором. Когда следы пребывания подростков полностью уничтожены, на том же месте учитель истории просит учительницу английского выйти за него замуж: из омерзительного угла под лестницей этот участок превращается в сверкающий фон для взрослой гетеронормативной истории любви.

---

[23] Анита Харрис утверждает, что пространства для отдыха оказались последними «молодежными пространствами без средств наблюдения». См. [Harris An. 2004: 113].

Рис. 13. Двор для курения. «Школа». Реж. Валерия Гай Германика. «Профит» и Первый канал, 2010.

В «Школе» фигурируют и другие пространства, вызывающие у героев еще больше деструктивной энергии. В финале 37-й серии камера задерживается на пролитых напитках и пустых обертках на полу у Веры, пока та отчаянно пытается вытолкать своих пьяных одноклассников за дверь. Очевидно, что, будучи прибитыми алкоголем и друг другом, они обращаются с ее домом не лучше, чем с тем углом для курения. Аня Носова и ее подруги-эмо делают то же самое с офисом, принадлежащим матери одной из них, — превращают его в грязное и загроможденное место для вечеринок. Это хорошо видно на рис. 14, где в центре кадра — сигарета Ани, а остальное пространство заполнено окурками, пустыми банками, бутылками и прочим мусором. В этой и других сценах подобного рода подростки демонстрируют выраженную апатию по отношению к месту, в котором они живут, а время от

Рис. 14. Аня и девочки-эмо. «Школа». Реж. Валерия Гай Германика. «Профит» и Первый канал, 2010.

времени эта апатия перерастает в агрессию. Кажется, им известен только один способ оставить след о себе в окружающей среде, взаимодействуя с ней как люди, а не как призраки, — это заполнить его окурками и пивными бутылками. Эти руины, в свою очередь, пронзительно связываются с их собственными телесными загрязнениями. Сигареты, алкоголь и марихуана сигнализирует о нарушении императива, требующего от них развиваться в паноптическом времени и не предаваться порокам до социально одобряемого возраста. Персонажи сериала взаимодействуют со своей окружающей средой таким образом, чтобы подсветить пересечение времени и пространства, также показывая тем самым, что отказ от паноптического времени ведет к порче физического пространства, в том числе и пространства собственного тела.

Единственный подросток, демонстрирующий более конструктивное отношение к пространству, — это Соня, которая, что характерно, никогда не появляется в школьном курительном уголке. В 52-й серии они с Тимуром отправляются на свидание в кино и украдкой целуются — так робко, что это выглядит даже странно на фоне сексуальных приключений, которым всего несколько серий назад предавались их одноклассники в Суздале. После они гуляют по одному из ее «самых любимых мест в городе» — Патриаршим прудам, тому самому знаменитому парку, в котором, как отмечает Соня, начинается действие булгаковских «Мастера и Маргариты». Она видит этот парк в романтическом свете и рассуждает о его связи с дореволюционным культурно-литературным наследием. Когда Тимур замечает, что вокруг полно «идиотов», Соня убеждает его замечать красивое, а не отвратительное, думая о призраках благородного прошлого, а не о пивных бутылках, разбросанных в кустах. Камера как бы показывает эту сцену глазами Сони: перед нами заснеженный парк, где в сумерках мягко светятся фонари, зритель видит лишь романтическую часть парка, а не его темную сторону, упоминаемую Тимуром. Так Соня, в отличие от других юных героев «Школы», демонстрирует связь с пространством, в котором она живет, используя его как стимул для воображения, а не просто как фон для развлечения или эскапизма, и пытается научить этому Тимура. Чтобы преодолеть чувство стагнирующего пространства, Соня обращается к «призракам» литературного и культурного наследия России, которые становятся для нее источником трансцендентности, а не отчуждения и безразличия[24].

---

[24] Это сближает ее с подростками — героинями молодежных фильмов брежневской эпохи, снятых Сергеем Соловьевым, например «Сто дней после детства» (1975), «Спасатель» (1980) и «Наследница по прямой» (1982), где девочки тоже строят собственную идентичность на основе дореволюционной культуры. См. [Klimova 2013: 276]. Более современным примером служит янг-эдалт-роман Дарьи Доцук «Голос», в котором литература оказывается важнейшим инструментом, помогающим героине исцелиться от травмы. По сюжету 16-летняя девушка, выжившая после теракта в московском метро, страдает от панических атак и приступов тревожности. Ей удается преодолеть свою травму с помощью чтения и обсуждения книг в компании других подростков. См. [Доцук 2017].

Но Соня не только находится в более положительных отношениях с пространством — она в целом лучше выполняет требования развития в паноптическом времени: не курит, не употребляет алкоголь, ее отношения с Тимуром развиваются медленно и скромно. Ее непримечательная одежда как бы отвергает ту преждевременную сексуальную развитость, которую ярко отражают другие девушки — например, Оля и Даша. Мы ни разу не видим на ней футболку с англоязычной надписью вроде «SEX MONEY CRIME» или «FREE VIP PASS», в которых появляются ее одноклассники. Вероятно, она не «смотрит с желанием вперед», на культуру потребления. Как отмечает Ильмира Болотян, Соня выделяется на фоне других подростков «Школы», потому что только ей разрешено самой рассказывать о своей внутренней жизни — время от времени она зачитывает за кадром выдержки из дневника. Само ее имя, Соня Каштанская, ассоциируется с Чеховым. И хотя Болотян подчеркивает непопулярность Сони среди одноклассников и настаивает, что ее персонаж подан иронически, эти детали, включая тонкий намек на Чехова, подчеркивают экстраординарность Сони [Болотян 2014]. Она принадлежит к узкому кругу однозначно положительных персонажей «Школы»: пишет стихи, способна на сопереживание и принятие другой культуры, как мы видим из ее отношений с кавказским парнем Тимуром. Если Тимур, в отличие от Ани (о ней речь пойдет в следующем разделе), движется от «границ коллектива», то открытость и доброта Сони помогают этому движению [Hutchings, Tolz 2015: 142]. Таким образом, при помощи этого персонажа Гай Германика предлагает возможное решение хронотопной дилеммы, разворачивающейся перед постсоветскими подростками: черпать вдохновение в призраках российской литературной культуры и культуры вообще, избегать преждевременного сексуального развития, не употреблять алкоголь и не предаваться иным порокам, которые усиливают разрушительное отношение к окружающему пространству. Тот факт, что Соня сама кажется немного анахронической — воплощаемые ею гуманистические ценности как будто противоречат тем времени и месту, в котором она обитает, — заставляет предположить, что постсоветский мир «Школы» допускает лишь частичное, несовершенное решение этой дилеммы.

Девушки-подростки, обнажение и суицид

В этом разделе мы сфокусируемся на характере роль Ани Носовой, чье самоубийство в 66-й серии становится кульминацией сериала. Сюжетная траектория Ани и в конечном счете ее трагическая судьба — воплощение того страха перед пространством и временем, о котором говорилось выше. В начале сериала она сталкивается с большими пространственными проблемами, чем любой другой из героев «Школы». Заключенная в собственной спальне, находящаяся на домашнем обучении из-за неизвестной болезни, физических признаков которой мы не видим, она с самого начала отделена от ровесников. В первой серии Гай Германика вводит Аню, переходя от кадра, где Валентина Харитоновна пишет на доске перед школьниками, к Ане, одиноко рисующей бабочку на оконном стекле. С этого детского жеста начинается ее арка: Аня стремится выйти из заключения, захватить контроль над пространством, в котором она живет. И этот поединок ей предстоит проиграть: она так и останется не на своем месте. В конце концов Аня разрешает свою дилемму с местом, покончив с темпоральностью, тем самым нанося сокрушительный удар императиву развития в паноптическом времени. Ее траектория выдвигает на первый план один из центральных лейтмотивов «Школы»: обнажение девочки-подростка, добровольное и нет, опосредованное и непосредственное. В предсмертном видеопослании Аня эстетизирует собственную смерть, что соответствует наблюдениям Элизабет Бронфен, пишущей, что «спектакль своей смерти» у женщины может также «означать момент контроля и силы», преображающий «самоуничтожение» в «акт самосозидания» [Bronfen 1992: 141].

В начале и в конце сериала — два эпизода, когда Аня пытается сконструировать себя через обнажение. И хотя взрослые и подростки подозревают, что виновником инсульта у ее дедушки стал Илья Епифанов с его несанкционированным стихотворением, куда более вероятно, что причиной тому была обнаженная грудь Ани: незадолго до этого в стопку открыток для Анатолия Германовича кто-то подсунул фотографию его внучки без верха. Полуобнаженная девочка-подросток, сфотографированная в вызывающей позе, мгновенно «появляется в зоне сексуальной видимости», и физическая реакция ее дедушки служит конкретным воплощением тех абстрактных рисков, которые часто ассоциируются с этим новым состоянием [Burt 2012: 16][25]. Зрителя также удивляет контраст между скромной Аней-ребенком, раскрашивающей бабочку, и дерзкой Аней на снимке. Из-за инсульта Анатолий Германович исчезает из школы, и это запускает цепочку событий, приводящую в конце концов к ее самоубийству, — так можно прочертить связь между опосредованным проявлением преждевременной сексуальной зрелости и трагической смертью. Есть ирония в том, что позднее мы выясняем, кто именно подсунул фотографию Анатолию Германовичу: это был Миша, один из ее одноклассников, убежденный, что она не может контролировать свой сексуализированный образ и нуждается во вмешательстве со стороны взрослого. Миша смотрит на свою ровесницу Аню сверху вниз, с позиции паноптического взгляда: определив то, что ему кажется отклонением, он причиняет ей необратимый вред, повлиявший на ее будущее. Таким образом, Гай Германика предлагает рассматривать и первоначальный акт саморазоблачения Ани, и последующий анонимный несанкционированный обмен с Мишей как потенциальные источники вины[26]. Так снова проступает идея развития в соответствии с требованиями паноптического времени, появляющаяся на протяжении всего сериала.

Создавая эту фотографию и показывая ее другим участникам чата, Аня стремится разрушить стены «процесса заключения», характерного для изображения девушек в западной культуре [Driscoll 2002: 257][27]. По сути, Аня находится в экстремальной

---

[25] Как пишет Констанс Натансон, «переход девочки от детства к взрослости постоянно воспринимался как нечто опасное». См. [Nathanson 1991: 81–82].

[26] Это перекликается с повторяющимся мотивом анонимного доноса — еще одним призраком советского прошлого.

[27] О том, как частные пространства девушек стали объектом научного интереса, см. [Harris An. 2004: 95].

ситуации: изолированная от сверстников, брошенная матерью, общающаяся только с учителями и пожилыми дедушкой с бабушкой, Аня создает собственную версию «культуры спальни» — переписывается с незнакомцами под псевдонимом и распространяет откровенные снимки. Если такую культуру можно считать одновременно «формой изоляции» и «сопротивлением власти семьи», то Аня использует технологии и собственное тело, чтобы преодолеть первое и обеспечить второе [Driscoll 2002: 261][28]. В конце концов ей удается вырваться из заточения — она получает разрешение учиться в школе. Однако ее полуобнаженные фотографии получают широкий резонанс, у нее начинается конфликт с одноклассниками, и Аня самым ироничным образом пытается искать спасения в безопасности этой спальни — желание, которое ее бабушка с дедушкой не намерены удовлетворять. Тот, кто однажды сбежал из домашнего заключения, уже не может в него вернуться: эта мысль резонирует с репликой Ильи, который отвечает Оле, что после всех ее сексуальных приключений она уже не считается ребенком.

Аня и ее полуобнаженные фотографии задают центральный лейтмотив многих серий «Школы»: обнажение девочек-подростков, добровольное и нет, прямое и опосредованное. В 35-й серии несколько мальчишек вслух зачитывают отрывки из дневника Сони, издевательски декламируя ее самые сокровенные мысли. Само построение этой сцены подчеркивает болезненный характер происходящего: камера снимает крупным планом мужские пальцы, грубо листающие Сонин дневник, и это кажется практически физическим насилием. В 62-й серии насилие обретает конкретную форму: пьяная Оля с подругами нападает на Аню, вываливая ее в снегу и сдергивая с нее кофту и бюстгальтер. Этот эпизод снят так же, как более ранняя сцена с дневником, только место страниц сейчас занимает тело Ани, а вместо мужских пальцев мы видим женские. В классе с Сони срывают эмоциональные покровы; с Ани же, за пределами класса, — физические.

---

[28] Подробнее о культуре «девичьей спальни» см. [Driscoll 2002: 257–263].

Соседство двух этих сцен создает символическую связь между Сониным дневником, в котором в текстовой форме воплощены ее сокровенные мысли, телом Ани и жестоким, насильственным обнажением. Выпив смертельную дозу таблеток, Аня записывает на видеокамеру свое прощальное послание, и эта сцена тоже встраивается в общий контекст, напоминая нам о бронфеновской связи между женственностью, смертью и текстуальностью [Bronfen 1992: 356][29]. Как и Соня в дневнике, Аня в своем послании раскрывает самые потаенные эмоции, однако делает это по собственной воле, что, впрочем, едва ли можно считать победой над теми, кто против ее желания сорвал с нее одежду. Она обращается к Илье, объекту своей неразделенной любви, и, что примечательно, обвиняет его в слепоте: «Когда я пришла в школу, я думала, что это другой мир, не такой, как у меня был дома, что я нужна, что я смогу поговорить с тобой, но ты меня даже не видишь». Она тоскует по вербальной коммуникации с Ильей, но, поскольку он неспособен ее увидеть, это желание остается без ответа. Кажется, Аню либо видели слишком много, либо не видели вообще. В своем предсмертном послании она добивается вербального и визуального превосходства, которого была лишена при жизни, поскольку в этом жанре автор по определению имеет возможность окончательно сформулировать нарратив текста своей жизни. Аня успешно превращает обнажение-как-насилие в обнажение-как-коммуникацию, придавая «самотекстуализации» «грубую фактическую материальность умирания и ту уверенность, власть и реальность, которая есть у мертвого тела» [Bronfen 1992: 141][30].

Перформанс гиперболизированной женственности Оли, за которым следует снятие преждевременных, сексуализированных

---

[29] О том, как эта триада изображалась в кинематографе, см. [Aaron 2014: 71–92].

[30] Хатчинс утверждает, что образ «вуайеристской камеры», появляющийся в более ранних эпизодах, отсылает к идее «подавляющего государственного учреждения». Следовательно, когда Аня использует эту камеру для записи своего предсмертного послания, это можно понять как утверждение «права объективизируемого Другого завладеть собственной саморепрезентацией» [Hutchings 2013: 486].

слоев во время ее страха перед беременностью — ее временный «макияж», — также соответствует параметрам бинарности обнажение/сокрытие. Решая снова замаскироваться за густым макияжем, как того требует «телеология женственности», она скрывает и свою ненадолго показавшуюся детскую уязвимость [Burt 2012: 157]. Аня, как это ни парадоксально, пытается понять, почему Илья предпочел ей Олю — она же «ненастоящая». Она подчеркивает разницу между собственной эмоциональной честностью и открытостью («я говорю все, что думаю») и кажущейся поверхностностью Оли. Эстетика эмо, к которым принадлежит Аня, требует использования косметики — жирной черной подводки, теней — и определенной одежды. Однако, как подразумевает Аня во время своего эмоционального монолога в 25-й серии, образ эмо подчеркивает чувства, а Олина броская, сексуализированная внешность предстает фальшивой[31]. С точки зрения Ани, макияж Оли скрывает, а ее собственный — обнажает. Камера снимает крупным планом плачущую Аню, по лицу которой течет черная краска, и тут же переключается на Олю без макияжа: это одновременно и подчеркивает контраст, и заставляет нас усомниться в словах Ани.

В ключевом эпизоде, окончательно толкающем Аню к депрессии и суициду, тоже присутствует девочка-подросток и опосредованный акт обнажения при всех. Аня крадет фотоаппарат Миши и отправляется в школьный туалет, чтобы посмотреть записи. На одном из видео ее подруга-эмо танцует перед камерой и снимает топ (60-я серия). Это движущееся изображение визуально рифмуется с неподвижной фотографией полуобнаженной Ани из первой серии; так Аня из наблюдаемой становится наблюдательницей. Ее отчаянная, яростная реакция напоминает о том, что произошло с Анатолием Германовичем, когда он увидел снимок своей внучки. В конце серии Аня истерически танцует

---

[31] Как пишут Ариэла Мортара и Симона Ироянико, эмо провозглашали «потребность в естественности <...> путем поиска эмоций», отвергая «культ внешнего вида и изменчивой моды, лежащий в основе современного общества». См. [Mortara, Ironico 2013: 356–357].

в своей комнате — и зритель уже понимает, что ее ждет. Итак, два изображения девочек-подростков, заявляющих о своей сексуальности — примеряющих роль *fille fatale*, — провоцируют одинаковую взрывную реакцию [Hatch 2002]. И хотя за действиями Ани и ее дедушки определенно стоят разные причины, сама резкая, животная природа их реакций уже предполагает, что в обнажении столь раннего развития есть нечто опасное. Если Аня пыталась вырваться из домашнего заточения, используя тело для установления связи с другими людьми, то из этих двух эпизодов становится ясно, что провокационные изображения девочек-подростков, с какой бы целью они ни создавались, неминуемо выходят за заданные пределы.

Следовательно, видеозапись суицида следует интерпретировать в связи с этими двумя предшествующими эпизодами, исследующими динамику женской подростковой сексуальности и прямые/опосредованные методы, способствующие их демонстрации или сокрытию. Прежде чем создать свое последнее «выражение тяги к автобиографичности», Аня методически уничтожает все внешние маркеры идентичности — а именно эмо-прическу и эмо-макияж, — которые были ей так важны [Bronfen 1992: 142]. Пытаясь превратить себя в чистый лист, в пустой знак, она сначала очищает тело, а потом уничтожает голос. Видеопослание звучит тем сильнее, что на протяжении нескольких предшествующих серий она хранит молчание. Характерно, что она делает эту запись поверх предшествующих видео с Мишиной камеры — включая, вероятно, и тот откровенный танец девушки-эмо. Таким образом, Аня сохраняет для будущего именно свой образ и свою версию истории [Шишвю: 142]. При помощи эстетизированного спектакля собственной смерти Аня, как героини XIX века, о которых пишет Бронфен, оставляет за собой последнее слово и последнее изображение. Но в отличие от мадам Бовари и Клариссы, ее слова записаны на цифровую камеру и сохранены; коммуникативная сила послания, которое она записывает посредством собственного тела, растет за счет возможности репродукции и широкого распространения видео. Мы уже выяснили, что опосредованные изображения обнажающихся — в физическом и эмоциональном смысле — девочек-подростков обладают пугающей способностью выходить за пределы основной аудитории и провоцировать взрывные, непредсказуемые последствия. Иными словами, такие изображения живут собственной жизнью, и то же самое можно сказать о реакции на сериал.

Анин суицид можно рассматривать как радикальное утверждение «атемпоральности», в качестве попытки создать собственный, автономный темпоральный порядок, отказавшись от ограничений паноптического времени [Thurschwell 2014b: 172]. Смерть определенно предстает самой неотвратимой и необратимой формой отказа от «паноптического взгляда», трагическим освобождением от пут пространства и времени. Аня ярче, чем любой другой герой «Школы», демонстрирует обреченный конфликт «разряженной» идентичности подростка с «твердой» средой семьи и школы, и ее смерть означает разрушение темпорального и структурного порядка в обоих этих институтах. Об этом же говорит и постоянное присутствие в этих пространствах признаков советского прошлого.

Более конструктивный пример борьбы с ограничениями времени и пространства демонстрирует в открывающем эпизоде Илья, когда вместо одобренного учительницей Пушкина зачитывает стихотворение Алины Витухновской, начинающееся со строк «Я не осуществлялся. Отказывался. Не стал. / Был»[32]. Так, утверждая ценность «бытия» перед «становлением», он опровергает один из основополагающих принципов дискурса о подростковом возрасте. Тем не менее прошедшая форма этих глаголов сама по себе уже бросает ему вызов: разве с ретроспективной точки зрения нельзя сказать, что автор этого высказывания не столько «есть», сколько «становится», и речь не столько о стазисе, сколько о развитии? Темпоральная сложность этого короткого стихотворения

---

[32] «Я не осуществлялся. Отказывался. Не стал. / Был». Стихотворение называется «Непонимающая», и его можно прочесть целиком в сборнике «Полутона: Рабочий стол», опубликованном 16 января 2017 года (URL: https://polutona.ru/?show=0116214653).

перекликается с тем лабиринтом, в котором вынужденно блуждают подростки из «Школы». В вымышленном мире сериала взрослые ведут себя как тинейджеры, а среди блестящих ускользающих объектов посткоммунистического настоящего бродят тени советского прошлого. Можно ли отыскать у Гай Германики и ее соавторов такие понятия, как «прогресс» и «развитие»?

На одном уровне «Школа» соответствует призыву Леско и предлагает новый концепт подростковости, избегающей «темпоральной ловушки линейного, накопительного развития» и изображающей вместо этого «одновременность противоречий» [Lesko 2012: 185]. Сериал рисует подростков во всей их сложности и противоречивости; многомерный и беспощадный, он стал новым словом как в истории постсоветского телевидения, так и в целом в культурной репрезентации российских подростков. Используя циркулярную концепцию времени, предполагающую тонкую связь между прогрессом и регрессом, Гай Германика исключает возможность взгляда на своих героев лишь через призму их будущей взрослости, как того зачастую требуют западные дискурсы подростковости. Протагонистов «Школы» не назовешь ни героями (как персонажей-девушек, о которых мы говорили в главе 1), ни антигероями (см. главу 2). Вся их жизнь пропитана насилием, и этим они напоминают персонажей новой драмы (глава 3), однако оно не обладает собственной телеологией и не предопределяет их будущее. Здесь будущее формируется иначе. В отличие от агрессивных, готовых на убийство подростков из главы 2, персонажей «Школы» ничего не толкает вперед: кажется, будущее им не принадлежит. Если уж на то пошло, оно не принадлежит вообще никому. Вместо этого мы видим их запертыми в ловушку хронотопа, где под поверхностью настоящего все еще скрыто прошлое, затмевающее собой все возможные представления о будущем. Пространства «Школы» населены призраками СССР, и автор словно бы осуждает неспособность современного российского общества изгнать их.

В то же время, однако, Гай Германика демонстрирует отказ от досрочного развития и возвращение к общечеловеческим ценностям — таким же, как у Ганны-Надьки Василенко и Алисы Меликян, — как потенциальный антидот от проблем, с которыми сталкиваются юные протагонисты сериала, особенно девушки. Ярче всего это видно на примере Ани, чьи побег из домашнего заключения и стремление к опосредованной сексуальной видимости в итоге приводят к самоубийству. Напротив, Соня отказывается от провокационной одежды и сигарет и обращается к классической русской литературе — именно эти ценности постсоветская школа хотела бы видеть у девочек-подростков [Litovskaia 2008: 202]. Иными словами, несмотря на периодический бунт против паноптического взгляда, «Школа» в конце концов утверждает как важность присмотра взрослых за подростками (см. суздальские эпизоды), так и незыблемость, ненарушимость границ между подростковостью и взрослостью. В «истерике», если еще раз использовать выражение Путина, этот ободряющий и в целом безобидный посыл остался незамеченным[33].

---

[33] Стивен Хатчинс тоже приходит к выводу, что, несмотря на всю противоречивость, этот сериал в конечном счете «отражает общий постсоветский тренд — ностальгию по идеализированному советскому прошлому, заново провозглашает миф о Ребенке и Учителе, находившийся в центре советской культуры, особенно в сталинское время» [Hutchings 2013: 480].

Заключение

Грета Тунберг, 15-летняя экоактивистка из Швеции, в августе 2019 года прибывшая в Нью-Йорк на корабле, чтобы выступить с яростной речью перед Организацией Объединенных Наций, решительно не воспринята в России. В русскоязычном интернете циркулирует множество мемов, от смешных (Грета в роли Голлума из «Властелина колец») до зловещих (Грета в роли Гитлера)[1]. Лидер оппозиции Алексей Навальный записал для своего YouTube-канала видео, озаглавленное «Все ненавидят Грету», где выразил удивление тем, как россияне всех политических взглядов — как сторонники Путина, так и его противники, как консерваторы, так и либералы с либертарианцами — объединились в своей неприязни к девочке-подростку. Ее речь перед ООН продолжалась всего несколько минут, и все же, цитируя Навального, «свела с ума всех в России»[2]. Журналисты были щедры на

---

[1] См. страницу Греты Тунберг на интернет-портале «Lurkmore» (URL: https://lurkmore.to/Грета_Тунберг, последнее обновление от 25 декабря 2020 года) и мем «Гретлер», опубликованный пользователем Tisha.Sys на портале «Пикабу» 14 октября 2019 года (URL: https://pikabu.ru/story/gretler_6988266). Больше информации о российских мемах, посвященных Тунберг, см. в онлайн-лекции Элиота Боренстайна «Ненависть к Грете Тунберг» от 5 июня 2020 года, доступную на сайте Джордановского центра углубленных российских исследований (URL: https://jordanrussiacenter.org/event/russian-internet-memes-the-short-course-part-ten/).

[2] См. выпуск программы Алексея Навального «Навальный: все ненавидят Грету Тунберг», опубликованный на YouTube-канале «Навальный LIVE» 28 сентября 2019 года (URL: https://www.youtube.com/watch?v=Ulz28cp9fJ8). Боренстайн убедительно доказывает, что такая радикальная реакция российской аудитории может быть отчасти связана с синдромом Аспергера у Тунберг. Благодарю Боренстайна за то, что он привлек мое внимание к феномену ненависти к Грете.

гиперболы: Грету называли «избалованным ребенком», утверждали, что она действует не по своей воли и что взрослые якобы превратили «больную девочку в лидера тоталитарной секты», вспоминали другие случаи «массовой истерии», тоже будто бы спровоцированные девочками-подростками, — например, Салемскую охоту на ведьм[3]. Определенно, юная шведка задела их за живое.

Если сама Грета обвинила взрослых в том, что своим безразличием к окружающей среде они отбирают у детей мечту, то многих россиян, кажется, охватил иррациональный ужас: вдруг под ее влиянием на улицы вырвутся толпы неконтролируемых подростков. Некоторые наблюдатели предписывали ей впечатляющие способности: их пугало, что ее «экопсихоз» вдохновит других на «экотерроризм»[4]. В своей передаче на Первом канале прокремлевский журналист Михаил Леонтьев уверенно заявил, что «последователи Греты рано или поздно обратятся к кровопролитию». Он и другие обозреватели называли ее «лжепророком», который в конце концов натравит «орду» на тех, кто встанет между ней и ее радикальными целями[5]. Тунберг, согласно такой логике, дерзко провозгласила себя пророком и заявила о своем праве на трансцендентность, неминуемо связанном с насилием, — вспомним, например, Веню из «Ученика» Кирилла Серебренникова. Не раз звучало убеждение, что российские подрост-

---

[3] См. статью Дмитрия Бавырина «Чем опасна Грета Тунберг» на портале «Взгляд» от 2 октября 2019 года (URL: https://vz.ru/politics/2019/10/2/1000692. html), материал «Вестей» «Анти-Грета против Греты: климатический скептик против экошизы» от 1 марта 2020 года (URL: https://www.vesti.ru/article/1706622) и статью Юлии Латыниной «Пионерка Грета Тунберг» на сайте «Новой газеты» от 26 сентября 2019 года (URL: https://novayagazeta.ru/articles/2019/09/26/82123-pionerka-greta-tunberg).

[4] См. материал Ярославы Кирюхиной «Грета Тунберг в зеркале российских СМИ: "экопсихоз" и "экотерроризм"» на сайте ВВС от 3 октября 2019 года (URL: https://www.bbc.com/russian/features-49906769).

[5] Эпизод программы Леонтьева «Однако», посвященный Тунберг, вышел в эфир 28 сентября 2019 года (URL: https://www.1tv.ru/news/2019-09-28/373062-analiticheskaya_programma_odnako_s_mihailom_leontievym). См. также материал Бавырина «Чем опасна Грета Тунберг».

ки окажутся уязвимы перед отрицательным влиянием Тунберг: эта мысль вырастает из парадигмы «подростка, подпавшего под влияние Запада», характерной для СССР. А образ «орды» тинейджеров определенно перекликается со страхом перед юными протестующими, заполонившими Москву в предыдущее лето — речь о так называемом «бесстрашном поколении», усомнившемся в непобедимости путинского правительства[6].

Нероссиянину, возможно, покажется удивительной такая эмоциональная реакция на Тунберг. Почему журналисты, и не только они, так стремительно поставили знак равенства между каким-то подростком, выступившим перед мировыми лидерами с речью, пусть и крайне яростной, и призывами к убийству? Однако в этой реакции очевиден сохранившийся с советских времен культурный миф. С этой точки зрения Тунберг незаконно вступила в пространство трансцендентного, созданное для таких юных мучениц, как Зоя Космодемьянская, и посягнула на их право легитимизировать насилие. Тунберг захватила это пространство ради категорически незаконной и сомнительной цели, противоречащей интересам России: запретить использование ископаемого топлива, от которого зависит значительная часть российской экономики (и которое служит одной из основных причин изменений климата).

Из агрессивной реакции на выступление Тунберг — как и из всех произведений, проанализированных в этой книге, — можно сделать вывод, что «влюбленность в подростковость», то есть склонность наделять молодежь экстраординарными способностями, определенно сохраняется в России XXI века. Фигура подростка занимает центральное место в одной из наиболее соблазнительных «идеализирующих картин» постсоветской культуры, если снова обратиться к формулировке Берлант, — возбуждает у общества мечты, надежды и страхи. Иррациональная

[6] См. статью Кристиана Эрша «The Fearless Generation: Russian Youth Stand Up to the State», опубликованную 11 сентября 2019 года на сайте газеты «Spiegel Online» (URL: https://www.spiegel.de/international/world/fearless-generation-in-russia-stands-up-to-the-kremlina-1285954.html).

надежда всегда связана с иррациональным страхом; вот почему ужас перед подростком является не противопоставлением «влюбленности в подростковость», а ее неотъемлемой частью. И хотя в произведениях, о которых шла речь в главе 2, мы с отвращением видим подростковое тело, захваченное муравьями, или с ужасом наблюдаем за хладнокровным убийством старшеклассника, — даже в этом ощущается влияние той самой «идеализирующей картины». Российская версия «влюбленности» похожа на те, что сложились в Соединенных Штатах и Западной Европе: она плотно связана с пониманием идеи времени. Некоторые из рассмотренных нами персонажей рвутся в будущее, оставляя побежденных взрослых томиться в прошлом. А вот протагонистам драм из главы 3 такой силы не дано: их будущее ограничено мечтами, которые они не в силах реализовать.

Но у российской «влюбленности в подростковость» есть своя особенность: она направлена не только в будущее, но и в прошлое. В работах, разобранных в главе 1, мы видим образчик постсоветской культуры, обращенной назад и стремящейся спасти положительные, продуктивные элементы от банальности, лицемерия и жестокости советской эпохи. И надежда на это снова воплощена в фигуре девочки-подростка, что отсылает нас к мифу о Зое. Главные герои сериала Гай Германики «Школа» также существуют внутри хронотопной дилеммы: они не могут ни сбежать от физических и психологических руин Советского Союза, ни присвоить себе блистающие объекты посткоммунистического, капиталистического настоящего. Единственным решением в зыбкой вселенной сериала становится принять «вечные» гуманистические ценности, обратившись к дореволюционному культурному наследию.

С середины 2010-х годов официальная молодежная политика Российской Федерации также стала во многом ориентироваться на прошлое. Стремясь привить подрастающему поколению военно-патриотические ценности при помощи организаций, подобных Юнармии, российское государство обращается к классической тактике: передать молодежи консервативные ценности, чтобы тем самым обеспечить усовершенствование общества. Образ подростка снова становится актуальным [Romesburg 2013][7]. Культура играет ключевую роль в этом проекте. Призрак Зои — или любого другого из мириад советских героев Второй мировой войны — можно призвать в любое время, днем и ночью, достаточно лишь включить онлайн-канал «Победа», вещающий 24/7.

Многие писатели и кинематографисты, о которых мы говорили выше, бросают вызов этим осовремененным фантазиям, особенно если речь идет о наделении подростков правом творить насилие. В своих произведениях они показывают, насколько взрывоопасным может быть подростковое воображение, а подростковая агрессия — дикой и примитивной. Об этом свидетельствует и реальная жизнь. Некоторые ученые полагают, что в последние годы часть молодых россиян подверглась радикализации. В качестве примера приводят историю 18-летнего жителя Керчи, в октябре 2018 года открывшего огонь в собственном ПТУ, убив 21 человека и покончив с собой, или 17-летнего юноши из Хабаровска, застрелившего двух сотрудников ФСБ, или его ровесника из Архангельска, также устроившего теракт против ФСБ и подорвавшего себя в здании их регионального отделения. Возможно, таким трагедиям, как и другим происшествиям столь же насильственного характера, способствует доступность оружия, связанная с продолжающимися конфликтами в Восточной Украине и на Северном Кавказе[8]. Орудия войны перемещаются между различ-

---

[7] См. статью «Russia Plans $63m Military-Patriotic Youth Education Center—RBC», опубликованную на сайте газеты «Moscow Times» 29 июля 2019 года (URL: https://www.themoscowtimes.com/2019/07/29/russia-plans-63m-military-patriotic-youtheducation-center-rbc-a66603).

[8] См. статью Ричарда Арнольда «The 'Russian Columbine' Shooting in Crimea Highlights Youth Radicalization, Proliferation of Firearms» в журнале «Eurasia Daily Monitor» (URL: https://jamestown.org/program/the-russian-columbine-shootingin-crimea-highlights-youth-radicalization-proliferation-of-firearms/). Журналисты «Медиазоны» провели всестороннее расследование причин состоявшихся и предполагаемых нападений на школы в России с 2014 года. См. статью Елизаветы Петровой «Актовый зал, АК достал. Краткая история "Колумбайнов" в России» от 11 декабря 2020 года (URL: https://zona.media/article/2020/12/11/columbine). О нападении в Хабаровске см. материал в «Коммерсанте» от 21 апреля 2017 года «В Хабаровске в результате стрель-

ными сферами, подобно той пуле у Клавдиева, переходящей из воображаемого мира в реальный. Оружие, используемое в военных операциях, оказывается в руках подростков, которым государство пытается привить военно-патриотические фантазии. Само собой, что воплощение таких фантазий редко — если вообще хоть когда-то — идет по плану.

Попыткой ускользнуть от фантазийных структур выглядит активизм таких подростков, как протестующий против Путина Филипп, герой «Возраста несогласия» Андрея Лошака, или Ольга Мисик, 17-летняя девочка, которая вслух зачитывала полицейским Конституцию во время протестов 2019 года в Москве[9]. Заявляя о своей агентности в публичной сфере, такие подростки отказываются быть частью «идеализирующей картины» — или по крайней мере пытаются заполнить эту картину тем, что им больше нравится. Это их битва за настоящее — и за будущее, на которое они не смотрят сквозь телеологическую оптику советского времени. Цитируя Лошака, его молодые герои «про будущее. Причем не про какое-то далекое будущее, не про недостижимые идеалы вроде коммунизма или анархизма <...> — они про то, чтобы нормально здесь жить и сейчас»[10].

В заключительных кадрах «Возраста несогласия» мы снова видим Филиппа, который в начале фильма отважно провозглашал свое желание «спасти Россию». Многомесячные преследования со стороны властей как будто умерили его пыл: отсидев восемь дней, он рассказывает, что теперь страдает паранойей. Вместо

бы в приемной ФСБ погибли три человека» (URL: https://www.kommersant. ru/doc/3279290). О событиях в Архангельске см. статью Татьяны Брицкой «Взрыв протеста?» в «Новой газете» от 1 ноября 2018 года (URL: https://novayagazeta.ru/articles/2018/11/01/78426-vzryv-protesta).

[9] См. интервью с Ольгой Мисик «Дружелюбная девушка, читающая Конституцию ОМОНу», материал Ирины Кравцовой, опубликованный на сайте «Медузы» 29 июля 2019 года (URL: https://meduza.io/feature/2019/07/29/druzhelyubnaya-devushka-chitayuschaya-konstitutsiyuomonu).

[10] См. материал Дениса Куренова «"Не знаю, почему они такими выросли": интервью с Андреем Лошаком о героях его фильма "Возраст несогласия"», опубликованный 30 марта 2018 года (URL: https://www.yuga.ru/articles/society/8367.html).

того чтобы спасать Россию, он намерен ее покинуть. «Через шесть лет, я надеюсь, меня здесь не будет», — говорит он, ныряя в машину и исчезая в темноте ночи. Его смазанное, нечеткое лицо в финале резко контрастирует с открытостью, излучаемой им в начале фильма; дрожащая ручная камера подчеркивает чувство психологического ухудшения и неловкости. Возникает подозрение, что этот подросток больше не может спасти даже себя самого, не то что Россию. Очевидно, что у постсоветского государства немало эффективных инструментов, способных задать форму внутренней жизни российской молодежи, и оно применяет их без устали. Время покажет, удастся ли государству навязать свои фантазии, или подростки все-таки смогут добиться собственных целей на собственных условиях. Пелевинский Омон Ра покидает подземный мир, где подросткам вроде него полагалось героически принести себя в жертву, — но никто не знает, какое будущее его ждет.

Фильмография

Антон тут рядом, реж. Любовь Аркус, Другое кино, 2012.

Брат, реж. Алексей Балабанов, СТВ, 1997.

Брат 2, реж. Алексей Балабанов, СТВ, 2000.

Возраст несогласия, реж. Андрей Лошак, Телеканал «Дождь», 2018.

Все умрут, а я останусь, реж. Валерия Гай Германика, НТВ Профит, 2008.

Дачники, реж. Александр Вартанов, Blancache Production, 2016.

Девственность, реж. Виталий Манский, Кино без границ, 2008.

Дети 404, реж. Аскольд Куров и Павел Лопарев, 2014.

Деточки, реж. Дмитрий Астрахан, Беларусьфильм, 2012.

Дорогая Елена Сергеевна, реж. Эльдар Рязанов, Мосфильм, 1988.

Жестокость, реж. Марина Любакова, Студия Павла Лунгина и BFG Media Production, 2007.

Звезда, реж. Анна Меликян, Magnum и Mars Media Entertainment, 2014.

Зоя, реж. Лев Арнштам, Союздетфильм, 1944.

Класс коррекции, реж. Иван Твердовский, A Company, 2014.

Комбинат «Надежда», реж. Наталия Мещанинова, Focus Plus Cinema, 2014.

Легко ли быть молодым?, реж. Юрис Подниекс, Рижская киностудия, 1986.

Максим Перепелица, реж. Анатолий Граник, Ленфильм, 1955.

Маленькая Вера, реж. Василий Пичул, Киностудия имени М. Горького, 1988.

Молодая гвардия, реж. Сергей Герасимов, Киностудия имени М. Горького, 1948.

Муха, реж. Владимир Котт, Парадайз, 2008.

Наследница по прямой, реж. Сергей Соловьев, Мосфильм, 1982.

Пацаны, реж. Динара Асанова, Ленфильм, 1983.

Первый отряд, реж. Ёсихару Асино, Алексей Климов и Михаил Шприц, Anchor Bay Entertainment, 2009.

Плюмбум, или Опасная игра, реж. Вадим Абдрашитов, Мосфильм, 1986.

Путевка в жизнь, реж. Николай Экк, Межерабпомфильм, 1931.

Русалка, реж. Анна Меликян, Central Partnership и Magnum, 2007.

Сестры, реж. Сергей Бодров мл., СТВ, 2001.

Скажи_Лео, реж. Леонид Рыбаков, Central Partnership, 2008.

Солдат Иван Бровкин, реж. Иван Лукинский, Киностудия имени М. Горького, 1955.

Спасатель, реж. Сергей Соловьев, Мосфильм, 1980.

Сто дней после детства, реж. Сергей Соловьев, Мосфильм, 1975.

Сынок, реж. Лариса Садилова, Арси-фильм, 2009.

Тимур и его команда, реж. Александр Разумный, Союздетфильм, 1940.

Ученик, реж. Кирилл Серебренников, Hype Film, 2016.

Чучело, реж. Ролан Быков, Мосфильм, 1983.

Школа, реж. Валерия Гай Германика, Профит и Первый Канал, 2010.

Я, реж. Игорь Волошин, Аргумент Кино, 2009.

Библиография

Aaron 2014 — Aaron M. Cinema and Suicide: Necromanticism, Dead-Already-Ness, and the Logic of the Vanishing Point // Cinema Journal. 2014. Vol. 53, № 2. P. 71–92.

Artyukh, Wilmes 2020 — Artyukh A., Wilmes J. Neo-Romanticism and Authorial Myth in the Works of Valeria Gai Germanika // Studies in Russian and Soviet Cinema. 2020. Vol. 14, № 2. P. 170–189.

Autant-Mathieu 2020 — Autant-Mathieu M.-C. The Story of Russian-Language Drama since 2000: PostDoc, the Postdramatic and Teatr Post // New Drama in Russian: Performance, Politics and Protest in Russia, Ukraine and Belarus / Ed. by Curtis J. A. E. London: Bloomsbury, 2020. P. 23–40.

Baer 2014 — Baer B. J. Russian Gay and Lesbian Literature // The Cambridge History of Gay and Lesbian Literature / Ed. by McCallum E. L., Tuhkanen M. Cambridge: Cambridge University Press, 2014. P. 421–437.

Balina 2014 — Balina M. Narrating Love in Soviet Adolescent Literature of the 1930s: Ruvim Fraerman's The Wild Dog Dingo; or, A Tale about First Love // Russian Review. 2014. Vol. 73, № 3. P. 354–370.

Banerjee 2008 — Banerjee A. Between Sputnik and Gagarin: Space Flight, Children's Periodicals, and the Circle of Imagination // Russian Children's Literature and Culture / Ed. by Balina M., Rudova L. New York: Routledge, 2008. P. 67–90.

Baxter 2011 — Baxter K. The Modern Age: Turn-of-the-Century American Culture and the Invention of Adolescence. Tuscaloosa: University of Alabama Press, 2011.

Baxter 2013 — Baxter K. On Coming of Age // Critical Insights: Coming of Age / Ed. by Baxter K. Ipswich, MA: Salem Press, 2013. P. 1–18.

Beardow 2003 — Beardow F. Little Vera: The Film Companion. London: I. B. Tauris, 2003.

Berenbaum 2006 — Berenbaum M. On the Lives of Insects in Literature // Insect Poetics / Ed. by Brown E. C. Minneapolis: University of Minnesota Press, 2006. P. 3–12.

Berlant 2011 — Berlant L. Cruel Optimism. Durham, NC: Duke University Press, 2011.

Bernstein 2017 — Bernstein S. Raised under Stalin: Young Communists and the Defense of Socialism. Ithaca, NY: Cornell University Press, 2017.

Beumers 2009a — Beumers B. A History of Russian Cinema. Oxford: Berg, 2009.

Beumers 2009b — Beumers B. The Serialisation of Culture, or the Culture of Serialisation // The Post-Soviet Russian Media: Conflicting Signals / Ed. by Beumers B., Hutchings S., Rulyova N. London: Routledge, 2009. P. 159–177.

Beumers, Lipovetsky 2009 — Beumers B., Lipovetsky M. Performing Violence: Literary and Theatrical Experiments of New Russian Drama. Bristol, UK: Intellect Books, 2009.

Bilston 2004 — Bilston S. The Awkward Age in Women's Popular Fiction, 1850–1900: Girls and the Transition to Womanhood. New York: Oxford University Press, 2004.

Blakesley 2014 — Blakesley R. P. Ladies-in-Waiting in Waiting: Picturing Adolescence in Dmitry Levitsky's Smolny Portraits, 1772–76 // Art History. 2014. Vol. 37, № 1. P. 10–37.

Borenstein 2008 — Borenstein E. Overkill: Sex and Violence in Contemporary Russian Popular Culture. Ithaca, NY: Cornell University Press, 2008.

Boston 2012 — Boston M. Valeriia Gai Germanika: School (Shkola, 2010) // Kinokultura. 2012. № 36. URL: http://www.kinokultura.com/2012/36rr-school.shtml.

Brodski 2018 — Brodski M. The Figure of the Child as a Contradictory Signifier in Contemporary Russian Cinema // The Child in World Cinema / Ed. by Olson D. Lanham, MD: Lexington Books, 2018. P. 215–236.

Bronfen 1992 — Bronfen E. Over Her Dead Body: Death, Femininity and the Aesthetic. Manchester, UK: Manchester University Press, 1992.

Brown 2006 — Brown E. C. Introduction: Reading the Insect // Insect Poetics / Ed. by Brown E. C. Minneapolis: University of Minnesota Press, 2006.

Burt 2012 — Burt S. The Forms of Youth: Twentieth Century Poetry and Adolescence. New York: Columbia University Press, 2012.

Cassiday 2019 — Cassiday J. A. Sacrifice and Self in Everybody Dies but Me // The 'Other' Martyrs: Women and the Poetics of Sexuality, Sacrifice, and Death in World Literatures / Ed. by Korangy A., Rouhi L. Wiesbaden: Harrassowitz Verlag, 2019. P. 23–37.

Chaudhuri 2013 — Chaudhuri U. Bug Bytes: Insects, Information, and Interspecies Theatricality // Theatre Journal. 2013. Vol. 65, № 3. P. 321–334.

Cieutat 2016 — Cieutat M. Entretien avec Kirill Serebrennikov: De l'aliénation religieuse comme mal de vivre // Positif. 2016. № 669.

Clark 2000 — Clark K. The Soviet Novel: History as Ritual. 3rd ed. Bloomington: Indiana University Press, 2000.

Cohen 2011 — Cohen S. Folk Devils and Moral Panics: The Creation of the Mods and Rockers. 1972. Reprinted, New York: Routledge, 2011.

Coutts 2006 — Coutts N. Portraits of the Nonhuman: Visualizations of the Malevolent Insect // Insect Poetics / Ed. by Brown E. C. Minneapolis: University of Minnesota Press, 2006. P. 298–318.

Creed 1995 — Creed B. Horror and the Carnivalesque: The Body-Monstrous // Fields of Vision: Essays in Film Studies, Visual Anthropology, and Photography / Ed. by Leslie Devereaux and Roger Hillman. Berkeley: University of California Press, 1995. P. 127–159.

Crescente 2010 — Crescente J. Valeriia Gai-Germanika: School (Shkola) Episodes 29–69 // Kinokultura. 2010. № 29. URL: http://www.kinokultura.com/2010/29r-school.shtml.

Curtis 2020a — Curtis J. A. E. Introduction: Recent Developments in Russian, Ukrainian, and Belarusian Drama // New Drama in Russian: Performance, Politics and Protest in Russia, Ukraine and Belarus / Ed. by Curtis J. A. E. London: Bloomsbury, 2020. P. 1–22.

Curtis 2020b — Curtis J. A. E. The Politics of Theatre: 'New Drama' in Russian, across Post-Soviet Borders and Beyond // Transnational Russian Studies / Ed. by Byford A., Doak C., Hutchings S. Liverpool: Liverpool University Press, 2020. P. 169–182.

Daniels et al. 2007 — Daniels H., Cole M., Wertsch J. V., eds. The Cambridge Companion to Vygotsky. New York: Cambridge University Press, 2007.

Devlin 2005 — Devlin R. Relative Intimacy: Fathers, Adolescent Daughters, and Postwar American Culture. Chapel Hill: University of North Carolina Press, 2005.

Dijkstra 1986 — Dijkstra B. Idols of Perversity: Fantasies of Feminine Evil in Fin-de-Siècle Culture. New York: Oxford University Press, 1986.

Dobrenko 2015 — Dobrenko E. Recycling of the Soviet // Russian Literature since 1991 / Ed. by Dobrenko E., Lipovetsky M. Cambridge: Cambridge University Press, 2015. P. 20–44.

Dobrenko, Lipovetsky 2015 — Dobrenko E., Lipovetsky M. The Burden of Freedom: Russian Literature after Communism // Russian Literature since 1991 / Ed. by Evgeny Dobrenko and Mark Lipovetsky. Cambridge: Cambridge University Press, 2015. P. 1–19.

Doubivko 2011 — Doubivko L. No Nailing Fins to the Floor: Ambivalent Femininities in Anna Melikian's The Mermaid // Studies in Russian and Soviet Cinema. 2011. № 5. P. 255–276.

Douvan, Adelson 1966 — Douvan E., Adelson J. The Adolescent Experience. New York: Wiley, 1966.

Driscoll 2002 — Driscoll C. Girls: Feminine Adolescence in Popular Culture and Cultural Theory. New York: Columbia University Press, 2002.

Durfee 1995 — Durfee T. M. Cement and How the Steel Was Tempered: Variations on the New Soviet Woman // A Plot of Her Own: The Female Protagonist in Russian Literature / Ed. by Hoisington S. S. Evanston, IL: Northwestern University Press, 1995. P. 89–101.

Edelman 2004 — Edelman L. No Future: Queer Theory and the Death Drive. Durham, NC: Duke University Press, 2004.

Fenghi 2020 — Fenghi F. It Will Be Fun and Terrifying: Nationalism and Protest in Post-Soviet Russia. Madison: University of Wisconsin Press, 2020.

Flynn 2020 — Flynn M. Witness Onstage: Documentary Theatre in Twenty-First Century Russia. Manchester, UK: Manchester University Press, 2020.

Fraser 2019 — Fraser E. L. Military Masculinity and Postwar Recovery in the Soviet Union. Toronto: University of Toronto Press, 2019.

Freedman 2010 — Freedman J. Contemporary Russian Drama: The Journey from Stagnation to a Golden Age // Theatre Journal. 2010. Vol. 62, № 3. P. 389–420.

Fuerst 2000 — Fuerst J. Heroes, Lovers, Victims—Partisan Girls during the Great Fatherland War: An Analysis of Documents from the Spetsotdel of the Former Komsomol Archive // Minerva: Quarterly Report on Women and the Military. 2000. Vol. 18, № 3–4. P. 38–75.

Fuerst 2010 — Fuerst J. Stalin's Last Generation: Soviet Post-War Youth and the Emergence of Mature Socialism. New York: Oxford University Press, 2010.

Gaster 1984 — Gaster T. H. Myth and Story // Sacred Narrative: Readings in the Theory of Myth / Ed. by Alan Dundes. Berkeley: University of California Press, 1984. P. 110–136.

Gorsuch 2000 — Gorsuch A. E. Youth in Revolutionary Russia: Enthusiasts, Bohemians, Delinquents. Bloomington: Indiana University Press, 2000.

Goscilo 2000 — Goscilo H. Editor's Introduction: Zone, Ozone, Blood, and Ascending Hope // Svetlana Vasilenko. Shamara and Other Stories / Ed. by Goscilo H. Evanston, IL: Northwestern University Press, 2000.

Goscilo 2007 — Goscilo H. Watery Maidens: Rusalki as Sirens and Slippery Signs // Poetics, Self, Place: Essays in Honor of Anna Lisa Crone / Ed. by O'Neil C., Boudreau N., Krive S. Bloomington, IN: Slavica, 2007. P. 50–70.

Goscilo 2014 — Goscilo H. The Thorny Thicket of 'Children's Literature' // Russian Review. 2014. Vol. 73, № 3. P. 341–353.

Goscilo, Hashamova 2010 — Goscilo H., Hashamova Y., eds. Cinepaternity: Fathers and Sons in Soviet and Post-Soviet Film. Bloomington: Indiana University Press, 2010.

Hall 1904 — Hall G. S. Adolescence: Its Psychology and Its Relations to Physiology, Anthropology, Sociology, Sex, Crime, Religion and Education. New York: D. Appleton, 1904.

Hanukai, Weygandt 2019 — Hanukai M., Weygandt S. Introduction: Drama against 'Theater' and Theater after Drama // New Russian Drama: An Anthology / Ed. by Hanukai M., Weygandt S. New York: Columbia University Press, 2019.

Harris Ad. 2011 — Harris A. The Lives and Deaths of a Soviet Saint in the Post-Soviet Period: The Case of Zoia Kosmodem'ianskaia // Canadian Slavonic Papers. 2011. Vol. 53, № 2–4. P. 273–304.

Harris An. 2004 — Harris A. Future Girl: Young Women in the Twenty-First Century. New York: Routledge, 2004.

Hatch 2002 — Hatch K. Fille Fatale: Regulating Images of Adolescent Girls // Sugar, Spice, and Everything Nice: Cinemas of Girlhood / Ed. by Gateward F., Pomerance M. Detroit, MI: Wayne State University Press, 2002. P. 163–181.

Heldt 1987 — Heldt B. Terrible Perfection: Women and Russian Literature. Bloomington: Indiana University Press, 1987.

Hellman 2013 — Hellman B. Fairy Tales and True Stories: The History of Russian Literature for Children and Young People (1574–2010). Leiden: Brill, 2013.

Hemenway 2006 — Hemenway E. J. Mothers of Communists: Women Revolutionaries and the Construction of a Soviet Identity // Gender and National Identity in Twentieth-Century Russian Culture / Ed. by Goscilo H., Lanoux A. DeKalb: Northern Illinois University Press, 2006. P. 75–92.

Hemment 2015 — Hemment J. Youth Politics in Putin's Russia: Producing Patriots and Entrepreneurs. Bloomington: Indiana University Press, 2015.

Herrera 2010 — Herrera B. E. I Was a Teenaged Fabulist: The dark play of Adolescent Sexuality in U.S. Drama // Modern Drama. 2010. Vol. 53, № 3. P. 332–349.

Holland 2013 — Holland K. The Novel in the Age of Disintegration: Dostoevsky and the Problem of Genre in the 1870s. Evanston, IL: Northwestern University Press, 2013.

Hollinger 1998 — Hollinger K. In the Company of Women: Contemporary Female Friendship Films. Minneapolis: University of Minnesota Press, 1998.

Hundorova 2016 — Hundorova T. Symptom of the Loser and the Melancholy of the Post-Soviet Generation // Eastern European Youth Cultures in a Global Context / Ed. by Schwartz M., Winkel H. New York: Palgrave Macmillan, 2016. P. 94–107.

Hutchings 2013 — Hutchings S. Serializing National Cohesion: Channel 1's 'Shkola' and the Contradictions of Post-Soviet 'Consensus Management' // Russian Review. 2013. Vol. 72, № 3. P. 470–491.

Hutchings, Tolz 2015 — Hutchings S., Tolz V. Nation, Ethnicity and Race on Russian Television: Mediating Post-Soviet Difference. London: Routledge, 2015.

Imre 2007 — Imre A. The Age of Transition: Angels and Blockers in Recent Eastern and Central European Films // Youth Culture in Global Cinema / Ed. by Shary T., Siebel A. Austin: University of Texas Press, 2007. P. 71–86.

Kahla 2007 — Kahla E. Life as Exploit: Representations of Twentieth-Century Saintly Women in Russia. Helsinki: Kikimora, 2007.

Kaminer 2016 — Kaminer J. Vasilii Sigarev's Post-Soviet Dramas of the Provincial Grotesque // Russian Review. 2016. Vol. 75, № 3. P. 477–497.

Kaminer 2018 — Kaminer J. Imagining Adolescence in Selected Works of New Russian Drama // Modern Language Review. 2018. Vol. 113, № 1. P. 194–220.

Kaminer 2019 — Kaminer J. The Ghost of Adolescence Past: Teen Female Martyrs in Svetlana Vasilenko's Little Fool and Anna Melikian's Mermaid // Slavic and East European Journal. 2019. Vol. 63, № 1. P. 52–73.

Kelly 2005 — Kelly C. Comrade Pavlik: The Rise and Fall of a Soviet Boy Hero. London: Granta Books, 2005.

Kelly 2006 — Kelly C. Shaping the 'Future Race': Regulating the Daily Life of Children in Early Soviet Russia // Everyday Life in Early Soviet Russia / Ed. by Kiaer C., Naiman E. Bloomington: Indiana University Press, 2006. P. 256–281.

Kelly 2007 — Kelly C. Children's World: Growing Up in Russia, 1890–1991. New Haven, CT: Yale University Press, 2007.

Kelly 2016 — Kelly C. The End of Childhood and/or the Discovery of the Tineidzher? Adolescence in Soviet and Post-Soviet Culture // Eastern European Youth Cultures in a Global Context / Ed. by Schwartz M., Winkel H. New York: Palgrave Macmillan, 2016. P. 21–44.

Kharkhordin 1999 — Kharkhordin O. The Collective and the Individual in Russia: A Study of Practices. Berkeley: University of California Press, 1999.

Kidd 2004 — Kidd K. B. Making American Boys: Boyology and the Feral Tale. Minneapolis: University of Minnesota Press, 2004.

Klimova 2008 — Klimova O. Marina Liubakova: Cruelty ('Zhestokost', 2007) // Kinokultura. № 20. 2008. URL: http://www.kinokultura.com/2008/20r-cruelty.shtml.

Klimova 2013 — Klimova O. Soviet Youth Films under Brezhnev: Watching between the Lines. PhD diss., University of Pittsburgh, 2013.

Kobets 2007 — Kobets S. From Fool to Mother to Savior: The Poetics of Russian Orthodox Christianity and Folklore in Svetlana Vasilenko's Novel-Vita Little Fool (Durochka) // Slavic and East European Journal. 2007. Vol. 51, № 1. P. 87–110.

Kon 2005 — Kon I. Sexual Culture and Politics in Contemporary Russia // Sexuality and Gender in Postcommunist Eastern Europe and Russia / Ed. by Stulhofer A., Sandfort T. Binghamton, NY: Haworth Press, 2005. P. 111–123.

Kotkin 2008 — Kotkin S. Armageddon Averted: The Soviet Collapse, 1970–2000. New York: Oxford University Press, 2008.

Kristeva 2007 — Kristeva J. Adolescence, a Syndrome of Ideality // Psychoanalytic Review. 2007. Vol. 94, № 5. P. 715–725.

Krowchuk 2010 — Krowchuk D. P. Adolescence: A Metamorphosis // North Carolina Medical Journal. 2010. Vol. 71, № 4. P. 355–357.

Kucherenko 2011 — Kucherenko O. Little Soldiers: How Soviet Children Went to War, 1941–1945. New York: Oxford University Press, 2011.

Kuhr-Korolev 2005 — Kuhr-Korolev C. "Gezaehmte Helden": Die Formierung der Sowjetjugend 1917–1932. Essen, Germany: KlartextVerlag, 2005.

Lanoux 2014 — Lanoux A. Laundry, Potatoes, and the Everlasting Soul: Russian Advice Literature for Girls after Communism // Russian Review. 2014. Vol. 73, № 3. P. 404–426.

Lanoux 2017 — Lanoux A. Bad Mothers in Russian Children's Literature after 1991: Alcoholism, Neglect, and the Problem of Post-Socialist Realism // Transgressive Women in Modern Russian and East European Cultures: From the Bad to the Blasphemous / Ed. by Hashamova Y., Holmgren B., Lipovetsky M. New York: Routledge, 2017. P. 143–161.

Lesko 2012 — Lesko N. Act Your Age! A Cultural Construction of Adolescence. 2nd ed. New York: Routledge, 2012.

Litovskaia 2008 — Litovskaia M. Naturalness as the Mask of 'Genuine Femininity' in the Reading Materials of Post-Soviet Girls and Teenagers // Masquerade and Femininity: Essays on Russian and Polish Women Writers / Ed. by Chowaniec U., Phillips U., Rytkönen M. Newcastle, UK: Cambridge Scholars, 2008. P. 200–214.

Livers 2004 — Livers K. A. Constructing the Stalinist Body. Lanham, MD: Lexington Books, 2004.

Livschiz 2008 — Livschiz A. Battling 'Unhealthy Relations': Soviet Youth Sexuality as a Political Problem // Journal of Historical Sociology. 2008. Vol. 21, № 4. P. 397–416.

Lyon 2006 — Lyon J. B. Crafting Flesh, Crafting the Self: Violence and Identity in Early Nineteenth-Century German Literature. Cranbury, NJ: Rosemont, 2006.

Maeots 2016 — Maeots O. A Hero of Our Time, Seen by the Children of Perestroika // Russian Studies in Literature. 2016. Vol. 52, № 2. P. 149–158.

Maguire, Randall 2018 — Maguire G., Randall R. Introduction: Visualising Adolescence in Contemporary Latin American Cinema—Gender, Class and Politics // New Visions of Adolescence in Contemporary Latin American Cinema / Ed. by Maguire G., Randall R. Cham, Switzerland: Springer International, 2018. P. 1–33.

Markowitz 2000 — Markowitz F. Coming of Age in Post-Soviet Russia. Urbana: University of Illinois Press, 2000.

Matich 2009 — Matich O. Poetics of Disgust: To Eat and Die in Andrei Belyi's Petersburg // Slavic Review. 2009. Vol. 68, № 2. P. 284–307.

Mazzarella 2018 — Mazzarella S. R. Review of Regulating Desire by J. Shoshanna Ehrlich, Bad Girls by Amanda H. Littauer, and From the Dance Hall to Facebook by Shalya Thiel-Stern // Signs: Journal of Women in Culture and Society. 2018. Vol. 43, № 2. P. 489–493.

McAvoy 2013 — McAvoy M. Staging Contemporary Russian Teenage Femininity in Yaroslava Pulinovich's Natasha Plays // Youth Theatre Journal. 2013. Vol. 27, № 1. P. 20–33.

Medovoi 2005 — Medovoi L. Rebels: Youth and the Cold War Origins of Identity. Durham, NC: Duke University Press, 2005.

Mesropova 2009 — Mesropova O. 'The Discreet Charm of the Russian Bourgeoisie': OKsana Robski and Glamour in Russian Popular Literature // Russian Review. 2009. Vol. 68, № 1. P. 89–101.

Millard 2007 — Millard K. Coming of Age in Contemporary American Fiction. Edinburgh: Edinburgh University Press, 2007.

Minkova 2018 — Minkova Y. Making Martyrs: The Language of Sacrifice in Russian Culture from Stalin to Putin. Rochester, NY: University of Rochester Press, 2018.

Moreland 2018 — Moreland E. Totalitarianism of Religion: (Kirill Serebrennikov's The Student. 2016) and Russia's Right Turn. Master's thesis, University of Colorado-Boulder, 2018.

Morson, Emerson 1990 — Morson G. S., Emerson C. Mikhail Bakhtin: Creation of a Prosaics. Palo Alto, CA: Stanford University Press, 1990.

Mortara, Ironico 2013 — Mortara A., Ironico S. Deconstructing Emo Lifestyle and Aesthetics: A Netnographic Research // Young Consumers. 2013. Vol. 14, № 4. P. 351–359.

Moss 2019 — Moss A. E. Only among Women: Philosophies of Community in the Russian and Soviet Imagination, 1860–1940. Evanston, IL: Northwestern University Press, 2019.

Nathanson 1991 — Nathanson C. Dangerous Passage: The Social Control of Sexuality in Women's Adolescence. Philadelphia, PA: Temple University Press, 1991.

Neubauer 1992 — Neubauer J. The Fin-de-Siècle Culture of Adolescence. New Haven, CT: Yale University Press, 1992.

Neumann 2011 — Neumann M. The Communist Youth League and the Transformation of the Soviet Union, 1917–1932. New York: Routledge, 2011.

Norris 2012 — Norris S. M. Blockbuster History in the New Russia. Bloomington: Indiana University Press, 2012.

Parts 2018 — Parts L. In Search of the True Russia: The Provinces in Contemporary Nationalist Discourse. Madison: University of Wisconsin Press, 2018.

Pelligrini 2008 — Pelligrini A. 'What Do Children Learn at School?': Necropedagogy and the Future of the Dead Child // Social Text. 2008. Vol. 26, № 4. P. 97–105.

Pilkington 1994 — Pilkington H. Russia's Youth and Its Culture: A Nation's Constructors and Constructed. New York: Routledge, 1994.

Prokhorov 2007 — Prokhorov A. The Adolescent and the Child in the Cinema of the Thaw // Studies in Russian and Soviet Cinema. 2007. Vol. 1, № 2. P. 115–129.

Prokhorov 2008 — Prokhorov A. Arresting Development: A Brief History of Soviet Cinema for Children and Adolescents // Russian Children's Literature and Culture / Ed. by Balina M., Rudova L. New York: Routledge, 2008. P. 129–152.

Richards 2015 — Richards C. Hard Candy, Revenge, and the 'Aftermath' of Feminism: 'A Teenage Girl Doesn't Do This' // Jeunesse: Young People, Texts, Cultures. 2015. Vol. 7, № 1. P. 42–61.

Rodgers 2016 — Rodgers B. Adolescent Girlhood and Literary Culture at the Fin de Siècle. New York: Springer, 2016.

Romesburg 2013 — Romesburg D. Making Adolescence More or Less Modern // The Routledge History of Childhood in the Western World / Ed. by Fass P. S. New York: Routledge, 2013. P. 229–248.

Rosefeldt 1995 — Rosefeldt P. The Absent Father in Modern Drama. New York: Peter Lang, 1995.

Roth-Ey 2004 — Roth-Ey K. 'Loose Girls' on the Loose? Sex, Propaganda and the 1957 Youth Festival // Women in the Khrushchev Era / Ed. by Ilic M. New York: Palgrave Macmillan, 2004. P. 75–95.

Rudova 2014 — Rudova L. 'Who's the Fairest of Them All?': Beauty and Femininity in Contemporary Russian Adolescent Girl Fiction // Russian Review. 2014. Vol. 73, № 3. P. 389–403.

Salvi 2011 — Salvi C. Scenes of Instruction, Scenes of Seduction: Figurations of Adolescence on the Late Twentieth-Century Stage. PhD diss., Tufts University, 2011.

Sartorti 1995 — Sartorti R. On the Making of Heroes, Heroines, and Saints // Culture and Entertainment in Wartime Russia / Ed. by Stites R. Bloomington: Indiana University Press, 1995. P. 176–193.

Savage 2008 — Savage J. Teenage: The Prehistory of Youth Culture: 1875–1945. New York: Penguin, 2008.

Schmid 2018 — Schmid U. Kirill Serebrennikov and the Changing Russian Politics of Culture // Russian Analytical Digest. 2018. № 228. P. 2–5.

Schmidt 2009 — Schmidt H. Happy End // Art Margins Online. 2009. URL: http://www.artmargins.com/index.php/henrike-schmidt-happy-end.

Schwartz 2016 — Schwartz M. Everything Feels Bad: Figurations of the Self in Contemporary Eastern European Literature // Eastern European Youth Cultures in a Global Context / Ed. by Schwartz M., Winkel H. New York: Palgrave Macmillan, 2016. P. 145–160.

Schwartz, Winkel 2016 — Schwartz M., Winkel H., eds. Eastern European Youth Cultures in a Global Context. New York: Palgrave Macmillan, 2016.

Sergienko 2016 — Sergienko I. Horror' Genres in Modern Russian Children's Literature // Russian Studies in Literature. 2016. Vol. 52, № 2. P. 171–189.

Sleigh 2006 — Sleigh C. Inside Out: The Unsettling Nature of Insects // Insect Poetics / Ed. by Brown E. C. Minneapolis: University of Minnesota Press, 2006. P. 281–297.

Smolkin 2018 — Smolkin V. A Sacred Space Is Never Empty: A History of Soviet Atheism. Princeton, NJ: Princeton University Press, 2018.

Sorvari 2018 — Sorvari M. On the Margins and Beyond: Girl Protagonists in Novels by Svetlana Vasilenko, Dina Rubina, and Elena Chizhova // Russian Review. 2018. Vol. 77, № 2. P. 279–293.

Spacks 1981 — Spacks P. A. M. The Adolescent Idea: Myths of Youth and the Adult Imagination. New York: Basic Books, 1981.

Sperling 2014 — Sperling V. Sex, Politics, and Putin: Political Legitimacy in Russia. New York: Oxford University Press, 2014.

Stephenson 2015 — Stephenson S. Gangs of Russia: From the Streets to the Corridors of Power. Ithaca, NY: Cornell University Press, 2015.

Stites 1992 — Stites R. Russian Popular Culture. Cambridge: Cambridge University Press, 1992.

Sutcliffe 2009 — Sutcliffe B. M. The Prose of Life: Russian Women Writers from Khrushchev to Putin. Madison: University of Wisconsin Press, 2009.

Thomas 2020 — Thomas A. T. From Stalinist Socialist Realism to Putinist Capitalist Realism // New Drama in Russian: Performance, Politics and Protest in Russia, Ukraine and Belarus / Ed. by Curtis J. A. E. London: Bloomsbury, 2020. P. 53–68.

Thurschwell 2014a — Thurschwell P. The Ghost Worlds of Modern Adolescence // Popular Ghosts: The Haunted Spaces of Everyday Culture / Ed. by Maria del Pilar Blanco and Esther Peeren. New York: Bloomsbury, 2014. P. 239–250.

Thurschwell 2014b — Thurschwell P. Psychoanalysis, Literature, and the 'Case' of Adolescence // A Concise Companion to Psychoanalysis, Literature, and Culture / Ed. by Marcus L., Mukherjee A. West Sussex, UK: John Wiley, 2014. P. 167–189.

Tippner 2014 — Tippner A. Girls in Combat: Zoia Kosmodem'ianskaia and the Image of Young Soviet Wartime Heroines // Russian Review. 2014. 73, № 3. P. 371–388.

Tumarkin M. 2011 — Tumarkin M. Productive Death: The Necropedagogy of a Young Soviet Hero // South Atlantic Quarterly. 2011. Vol. 110, № 4. P. 885–900.

Tumarkin N. 1994 — Tumarkin N. The Living and the Dead: The Rise and Fall of the Cult of World War II in Russia. New York: Basic Books, 1994.

Vassilieva 2014 — Vassilieva J. 'Becoming-Girl' in the New Russian Cinema: Youth and Valeria Gai Germanika's Films and Television // Camera Obscura: Feminism, Culture, and Media Studies. 2014. Vol. 29, № 1. P. 59–79.

Vassileva-Karagyozova 2015 — Vassileva-Karagyozova S. Coming of Age under Martial Law: The Initiation Novels of Poland's Last Generation. Rochester, NY: University of Rochester Press, 2015.

Wachtel 1990 — Wachtel A. The Battle for Childhood: Creation of a Russian Myth. Palo Alto, CA: Stanford University Press, 1990.

Wakamiya 2008 — Wakamiya L. R. Literature and Cultural Institutions by and for Soviet and Post-Soviet Youth // Russian Children's Literature and Culture / Ed. by Balina M., Rudova L. New York: Routledge, 2008. P. 113–128.

Waller 2010 — Waller A. Constructing Adolescence in Fantastic Realism. New York: Routledge, 2010.

Wannamaker 2008 — Wannamaker A. Boys in Children's Literature and Popular Culture: Masculinity, Abjection, and the Fictional Child. New York: Routledge, 2008.

Weygandt 2016 — Weygandt S. The Structure of Plasticity: Resistance and Accommodation in Russian New Drama // TDR: The Drama Review. 2016. Vol. 60, № 1. P. 116–131.

White 1985 — White B. Growing Up Female: Adolescent Girlhood in American Fiction. Westport, CT: Greenwood Press, 1985.

Wolfson 2008 — Wolfson B. Juggernaut in Drag: Theater for Stalin's Children // Russian Children's Literature and Culture / Ed. by Balina M., Rudova L. New York: Routledge, 2008. P. 173–192.

Wolfson 2015 — Wolfson B. New Drama // Russian Literature since 1991 / Ed. by Dobrenko E., Lipovetsky M. Cambridge: Cambridge University Press, 2015. P. 268–283.

Yurchak 1999 — Yurchak A. Gagarin and the Rave Kids: Transforming Power, Identity, and Aesthetics in Post-Soviet Nightlife // Consuming Russia: Popular Culture, Sex, and Society since Gorbachev / Ed. by Barker A. M. Durham, NC: Duke University Press, 1999. P. 76–109.

Yurchak 2008 — Yurchak A. Post-Post-Communist Sincerity: Pioneers, Cosmonauts, and Other Soviet Heroes Born Today // What Is Soviet Now? Identities, Legacies, Memories / Ed. by Lahusen T., Solomon Jr. T. H. Berlin: Lit Verlag, 2008. P. 257–276.

Zdravomyslova, Iarskaia-Smirnova 2015 — Zdravomyslova O., Iarskaia-Smirnova E., eds. Girlhood Studies in Post-Socialist Times // Girlhood Studies. 2015. Vol. 8, № 1.

Источники

Аксенов 2001 — Аксенов В. Апельсины из Марокко. М.: ЭКСМО-Пресс, 2001.

Ахматова 2008 — Ахматова А. Стихотворения. Поэмы. М.: РИПОЛ Классик, 2008.

Варламов 2018 — Варламов А. Душа моя Павел. М.: АСТ, 2018.

Василенко — Василенко С. О себе. Русский переплет. URL: www.pereplet.ru/avtori/vasil.html.

Василенко 2000 — Василенко С. Дурочка. М.: Вагриус, 2000.

Вильке 2013 — Вильке Д. Шутовской колпак. М.: Самокат, 2013.

Выготский 1991 — Выготский Л. Воображение и творчество в детском возрасте. М.: Просвещение, 1991.

Гайдар 1947 — Гайдар А. Школа: повесть. М.: Государственное издательство детской литературы, 1947.

Гайдар 1965 — Гайдар А. Тимур и его команда. М.: Детская литература, 1965.

Гайдар 1972 — Гайдар А. Военная тайна // Собрание сочинений в четырех томах. Т. 2. М.: Детская литература, 1972. С. 133–266.

Гальего 2005 — Гальего Р. В. Г. Белое на черном. СПб.: Лимбус Пресс, 2005.

Денежкина 2005 — Денежкина И. Дай мне! СПб.: Лимбус Пресс, 2005.

Доцук 2017 — Доцук Д. Голос. М.: Самокат, 2017.

Елизаров 2010 — Елизаров М. Мультики. М.: АСТ, 2010.

Лимонов 1983 — Лимонов Э. Подросток Савенко. Париж: Синтаксис, 1983.

Клавдиев 2008 — Клавдиев Ю. Собиратель пуль // Новая драма / Под ред. Матвиенко К., Ковальской Е. СПб.: Сеанс; Амфора, 2008.

Козлова 2017 — Козлова А. F20. М.: Рипол Классик, 2017.

Космодемьянская, Вигдорова 1951 — Космодемьянская Л., Вигдорова Ф. Повесть о Зое и Шуре. Ленинград: Ленинградское газетно-журнальное и книжное издательство, 1951.

Мурашова 2007 — Мурашова Е. Класс коррекции. М.: Самокат, 2007.

Пелевин 2001 — Пелевин В. Омон Ра. М.: Вагриус, 2001.

Петросян 2015 — Петросян М. Дом, в котором... М.: Livebook, 2015.

Пулинович 2017 — Пулинович Я. Победила я: Избранные пьесы. М.; Екатеринбург: Кабинетный ученый, 2017.

Сигарев 2008 — Сигарев В. Пластилин // Новая драма / Под ред. Матвиенко К., Ковальской Е. СПб.: Сеанс; Амфора, 2008.

Снегирев 2016 — Снегирев А. Нефтяная Венера. М.: Эксмо, 2016.

Стаднюк 1956 — Стаднюк И. Максим Перепелица: Повесть в рассказах. М.: Гослитиздат, 1956.

УК РФ 2020 — Уголовный кодекс Российской Федерации на 2020 год. М.: АСТ, 2020.

Старобинец 2011 — Старобинец А. Переходный возраст. М.: АСТ; Астрель; Полиграфиздат, 2011.

Фадеев 1946 — Фадеев А. Молодая гвардия. М.: Государственное издательство детской литературы, 1946.

СПИСОК ЛИТЕРАТУРЫ (НА РУССКОМ)

Александров 1999 — Александров Н. Житие языком романа // Дружба народов. 1999. № 5. URL: http://magazines.russ.ru/druzhba/1999/5/aleksan.html.

Бахтин 1975 — Бахтин М. Формы времени и хронотопа в романе // Вопросы литературы и эстетики. М.: Худож. лит., 1975. С. 234–407.

Болотян 2010 — Болотян И. «Новая драма» как театрально-драматическое движение // Новейшая российская драма и культурный контекст / Под ред. Лавлинского С. П., Подковырина И. В. Кемерово: Кемеровский государственный университет, 2010. С. 26–50.

Болотян 2014 — Болотян И. Телетрансформация «новой драмы» // Октябрь. 2014. № 7. URL: http://magazines.russ.ru/october/2014/7/12bol.html.

Ганиева 2007 — Ганиева А. И скучно, и грустно: мотив изгойства и отчуждения в современной прозе // Новый мир. 2007. № 3. URL: https://magazines.gorky.media/novyi_mi/2007/3/i-skuchno-i-grust№html.

Глезер 1929 — Глезер М. Подросток. Переходный возраст. М.: Научная мысль, 1929.

Гусарова 2008 — Гусарова К. Хворост в костер мировой революции: пионеры // Неприкосновенный запас. 2008. № 2. URL: https://magazines.gorky.media/nz/2008/2/hvorost-v-koster-mirovoj-revolyuczii-pionery.html.

Добренко 1993 — Добренко Е. Метафора власти: литература сталинской эпохи в историческом освещении. Мюнхен: Otto Sagner, 1993.

Дондурей 2010 — Дондурей Д. Пиар-контент, контент-пиар. «Школа» как образец продюсерского творчества // Искусство кино. 2010. № 1. URL: http://kinoart.ru/archive/2010/01/n1-article2.

Дубин 2004 — Дубин Б. Интеллектуальные группы и символические формы. М.: Новое литературное обозрение, 2004.

Кей 2004 — Кей Р. «Такие спортивные девчонки, как мальчики»: о воспитании детей в постсоветской России // Семейные узы. Модели для сборки / Под ред. Ушакина С. Т. 2. М.: Новое литературное обозрение, 2004. С. 146–170.

Келли 2013 — Келли К. «Меня сама жизнь к жизни подготовила»: подростковый возраст в сталинской культуре // Новое литературное обозрение. 2013. № 1. URL: http://magazines.russ.ru/nlo/2013/119/k10.html.

Кузьмина 2008 — Кузьмина Л. Барышня Месть: «Жестокость», режиссер Марина Любакова // Искусство кино. 2008. № 1. URL: https://old.kinoart.ru/archive/2008/01/n1-article7.

Лебедушкина 2008 — Лебедушкина О. Наша новая готика. О чудесах и ужасах в современной прозе // Дружба народов. 2008. № 11. URL: http://magazines.russ.ru/druzhba/2008/11/le21.html.

Лебедушкина 2010 — Лебедушкина О. Петросян, которую не издали: «Дом, в котором» как итоговый текст десятилетия // Дружба народов. 2010. № 8. URL: http://magazines.russ.ru/druzhba/2010/8/le17.html.

Мамаладзе 2005 — Мамаладзе М. Театр катастрофического сознания: О пьесах — философских сказах Вячеслава Дурненкова на фоне театральных мифов вокруг «новой драмы» // Новое литературное обозрение. 2006. № 3. URL: http://magazines.russ.ru/nlo/2005/73/mama28.html.

Маслинская 2011 — Маслинская С. «Жизнь после смерти»: пионергерой в современной мультипликации // Конструируя детское: филология, история, антропология / Под ред. Балиной М., Безрогова В., Маслинской С., Маслинского К., Тендряковой М., Шеридан С. М.: Азимут, 2011. С. 254–265.

Мхеидзе 2010 — Мхеидзе Г. Не доживем до понедельника // Искусство кино. 2010. № 8. URL: http://old.kinoart.ru/archive/2010/08/n8-article20.

Омельченко 2004 — Омельченко Е. Молодежь: открытый вопрос. Ульяновск: Симбирская книга, 2004.

Плахов 2008 — Плахов А. Кирилл Серебренников: Юрьев День // Кинокультура. 2008. № 22. URL: http://www.kinokultura.com/2008/22r-yuriev-ap.shtml.

Платт 2013 — Платт Дж. Б. Зоя Космодемьянская между истреблением и жертвоприношением // Новое литературное обозрение. 2013. № 6. URL: http://magazines.russ.ru/nlo/2013/124/8p.html.

Рудова 2014а — Рудова Л. Дети-аутсайдеры и параллельные миры: реальное и фантастическое в повести Екатерины Мурашовой «Класс коррекции» // Детские чтения. 2014. Т. 5, № 1. С. 201–217.

Рудова 2014б — Рудова Л. Маскулинность в советской и постсоветской детской литературе: трансформация Тимура (и его команды) // Детские чтения. 2014. Т. 6, № 2. С. 85–101.

Рычлова 2008 — Рычлова И. Детство в пьесе «Пластилин» Василия Сигарева как образ окружающего нас мира // Poésie et Théâtre / Ed. by Després I. Grenoble, France: Ellug, 2008. P. 87–98.

Серебренников 2016 — Серебренников К. Экстремизм от пофигизма, пресс-конференция о фильме «Ученик» // Искусство кино. 2016. № 6.

Трофимова 2017 — Трофимова Е. Мифологемы национального в конструировании женских образов (проза современных российских писательниц) // ILCEA: Revue de l'Institut des langues et cultures d'Europe, Amérique, Afrique, Asie et Australie. 2017. № 29. С. 1–10.

Уль 2011 — Уль К. Поколение между «героическим прошлым» и «светлым будущим»: роль молодежи во время «оттепели» // Антропологический форум. 2011. № 15. С. 279–326.

Щербенок 2013 — Щербенок А. Психика без психологии: «Зоя», идеология и сталинское кинопространство // Новое литературное обозрение. 2013. № 6. URL: http://magazines.russ.ru/nlo/2013/124/9sh.html.

Эпштейн 2015 — Эпштейн М. Ирония идеала. Парадоксы русской литературы. М.: Новое литературное обозрение, 2015.

Предметно-именной указатель

Оглавление

Научное издание

Дженни Каминер
ПРИЗРАЧНЫЕ МЕЧТЫ
Фантазии о подростковом возрасте
в постсоветской культуре

Academic Studies Press
1577 Beacon Street, Brookline, MA 02446 USA
https://www.academicstudiespress.com

www.ingramcontent.com/pod-product-compliance
Lightning Source LLC
Chambersburg PA
CBHW070928150426
42812CB00049B/1566